程序与技术：
司法权视角下的实证研究

何良彬 ◎ 著

西南交通大学出版社
·成都·

图书在版编目（CIP）数据

程序与技术：司法权视角下的实证研究 / 何良彬著. —成都：西南交通大学出版社，2021.11
ISBN 978-7-5643-8424-1

Ⅰ. ①程… Ⅱ. ①何… Ⅲ. ①司法制度 – 研究 – 中国 Ⅳ. ①D926

中国版本图书馆 CIP 数据核字（2021）第 239772 号

Chengxu yu Jishu: Sifaquan Shijiao xia de Shizheng Yanjiu
程序与技术：司法权视角下的实证研究
何良彬　著

责 任 编 辑	赵玉婷
封 面 设 计	原谋书装
出 版 发 行	西南交通大学出版社 （四川省成都市金牛区二环路北一段 111 号 西南交通大学创新大厦 21 楼）
发行部电话	028-87600564　028-87600533
邮 政 编 码	610031
网　　　址	http://www.xnjdcbs.com
印　　　刷	四川森林印务有限责任公司
成 品 尺 寸	170 mm × 230 mm
印　　　张	10.75
字　　　数	198 千
版　　　次	2021 年 11 月第 1 版
印　　　次	2021 年 11 月第 1 次
书　　　号	ISBN 978-7-5643-8424-1
定　　　价	42.00 元

图书如有印装质量问题　本社负责退换
版权所有　盗版必究　举报电话：028-87600562

序　言

近些年来，随着我国依法治国进程的不断加快，以审判为中心的诉讼制度改革、司法责任制改革以及相关配套改革持续深化，法官素质和能力日益增强，司法公信持续提升。相应的，这激发了来自法学界与实务界法律人的深沉思考。本书正是在此背景下，针对司法程序问题进行探索的点滴实证成果。

司法程序与相关技术的功能，可以从两个维度观察：从宏观层面言，司法程序、庭审技术无疑是司法的重要组成部分，也是区别不同类型诉讼模式的标志性要素之一；从微观层面言，司法"用户"对司法公正的体验感、获得感，在很大程度上依赖于司法程序和庭审技术的有效展开。长期以来，我一直倡导面向司法实务、基于问题导向、联结法学理论、推动双向反馈的法律实证研究。其中，司法的程序与技术正是关注的重点与难点。实际上，基于实务视角对司法程序与技术问题进行持续观察、深度分析和理性建言，同样也是推进包括以审判为中心的诉讼制度在内的各项制度进步的重要途径。

良彬同志长期在法院工作，具有比较丰富的实践经验，亦有相当的研究能力。作者基于司法实务视角，针对司法实践中相关程序、技术等难点问题进行专题实证研究，以法官、检察官、律师、法检其他工作人员、法科生以及法学研究者为主要读者对象，撰写了此书。全书共分三个部分十个专题：第一部分"程序与技术"包括四个专题：一是庭审实质化背景下的案件繁简分流与程序简化，通过科学有序的分流、简化机制，实现简案快办、难案精审；二是庭审实质化背景下的对质规则，进一步做实做细庭审举证质证认证程序和调查技术，推动庭审实质化进一步走深走实，充分体现"四个在法庭"；三是刑事再审程序有关问题，结合完善以审判为中心的诉讼制度改革要求，对刑事再审程序的有关问题深入反思并提出改进对策；四是现代科技对庭审程序和司法技术的挑战及应对，着力分析庭审程序、司法技术面临的新挑战，提出新对策。第二部分"改革与实践"包括三个专题：一是深化司法体制机制综合配套改革的"小配套"路径，提出通过精心实施多个小配套改革为司法体制机制改革奠定实践基础和经验积累；二是司法权视角下的案件管理权，分析了案件管理权合理性的法理基础、制度依据和实践动力，明确案件管理权的司法权属性定位，为进一步深化完善审判管理监督提供支持；三是审判委员会运行情况的实证分析，深入剖析审判委员会运行状况，分析共性症结，提出优化审判委员会审理职能、强化审判委员会指导职责的对策建议。第三部分"案例指导与法律适用统一"，包括三个专题：一是"同案不同判"现象的思考及对策，提出加强案例指导、促进"同案同判"机制的具体建议；二是法律适用的统一性与个案正义之关系，提出在强化案例指导机制基础上，建构裁判解释学等对策建议；三是构建非常态类型案例指导机制的若干思考，基于涉汶川大地震案例视角，分析相关典型案例，提出构建公共突发性事件的非常态类型案例机制的具体建议。

需要指出，作为司法实务者的研究成果，本书具备一定价值：一是基于司法实务视角，对我国司法运行现状及问题进行了专题性描述分析，提供了来自司法实务一线的实践观察样本；二是基于问题导向，分析了司法实务中的程序、技术难点，对完善以审判为中心的诉讼制度改革提供了经验智慧；三是基于方法意识，运用法条规范阐释、案例评析、数据剖析以及历史溯源等多种方法，体现了一定的方法融合意识。

苏轼有言,"发于文词,见于行事",揭示了学以致用、知行相融的实践导向,这也同样适用于应用法学研究的目标与价值追求,即问题源自实践、分析关照实践、成果返回实践,这契合我一直倡导和力行的"描述问题——解释问题——解决问题"的实证研究路径。良彬同志坚持研用同步理念,积极开展应用研究,体现了法律的实践需求和实证导向,值得肯定。

毋庸讳言,本书仍然存在不足,研究方法乃至观点也有可商之处,有待结合司法实践进一步深化完善。希望并期待良彬同志未来秉持实务研究热忱,更加关注司法运行的方法技术,为深化完善以审判为中心的诉讼制度持续贡献实践智慧与实务经验,不断践行新时代人民法官的初心和职业法律人的使命。

是为序。

左卫民

2021 年 10 月 8 日

目 录

第一部分　程序与技术 …………………………………………… 1

专题一　庭审实质化背景下的案件繁简分流 ……………………… 1
　　一、推进刑事案件繁简分流与审判程序简化的形势背景 ……… 2
　　二、我国简易刑事程序的现行规则体系 ………………………… 4
　　三、域外繁简分流和程序简化情况 ……………………………… 5
　　四、繁简分流和程序简化改革的具体实践 ……………………… 9
　　五、繁简分流和程序简化改革的主要操作难点 ……………… 10
　　六、进一步完善繁简分流和程序简化机制的对策建议 ……… 18

专题二　刑事庭审对质程序 ……………………………………… 20
　　一、构建完善庭审对质制度的重要意义 ……………………… 20
　　二、我国庭审对质法律和司法解释规定 ……………………… 22
　　三、庭审对质运行现状 ………………………………………… 24
　　四、相关国家庭审对质制度比较 ……………………………… 29
　　五、进一步完善刑事庭审对质权的操作建议 ………………… 32

专题三　刑事再审程序的再思考 ………………………………… 38
　　一、对刑事再审程序改革现状简评 …………………………… 38
　　二、庭审实质化改革背景下对刑事再审程序的重新审视 …… 40
　　三、关于刑事再审程序改革的思考和建议 …………………… 41
　　四、完善刑事再审案件的法律适用 …………………………… 44
　　五、对"再审不加刑"原则予以明确规定 …………………… 45

专题四 现代科技对庭审程序和司法技术的挑战及应对…………47
- 一、新场景……………………………………………………48
- 二、新趋势……………………………………………………51
- 三、新挑战……………………………………………………55
- 四、新对策……………………………………………………63

第二部分 改革与实践………………………………………67

专题五 深化司法体制机制综合配套改革的"小配套"路径……67
- 一、时代价值…………………………………………………67
- 二、改革案例简析……………………………………………69
- 三、主要制约条件与关联要素………………………………73
- 四、进一步推进"小配套"改革的建议……………………77

专题六 司法权视角下的案件管理权……………………………80
- 一、法理基础…………………………………………………81
- 二、制度依据…………………………………………………84
- 三、实践动力…………………………………………………87
- 四、域外借鉴…………………………………………………90
- 五、明确案件管理权的司法权定位…………………………94

专题七 审判委员会指导作用的实证分析………………………96
- 一、现行制度架构与职能定位………………………………97
- 二、运作实际图景……………………………………………99
- 三、指导作用情况……………………………………………102
- 四、对审判委员会角色职能的重新审视……………………107
- 五、推进审判委员会指导作用发挥的主要思路……………109

第三部分　案例指导与法律适用统一 … 112

专题八　"同案不同判"现象的思考及对策 … 112
- 一、个案情形 … 112
- 二、原因透析 … 116
- 三、理性审视 … 119
- 四、对策建议 … 122

专题九　在法律适用的统一性与个案正义之间 … 129
- 一、法律适用的统一性与个案正义的复杂关系 … 129
- 二、个案正义与法律适用统一性关系的实际图景 … 130
- 三、社会情势变迁对法律适用统一性的影响 … 136
- 四、法律适用的统一性与个案正义关系的重新审视 … 138
- 五、建构有效回应人民群众司法需求的裁判解释学 … 139

专题十　非常态类型案例指导机制的若干问题 … 141
- 一、涉灾纠纷案件带来的主要挑战 … 141
- 二、涉灾案件中的突出问题 … 143
- 三、涉灾案例的审判思路、法律解释和司法技术 … 146
- 四、涉灾案例裁判规则的形成之道 … 150

参考文献 … 153
后　记 … 162

第一部分 程序与技术

专题一 庭审实质化背景下的案件繁简分流

繁简分流，是指在现行诉讼法框架下，在审判权运行机制改革基础上，根据案件难易、刑罚轻重等因素，分别采取更具针对性、科学性的资源配置机制、诉讼程序制度、审判流程简化优化机制，以实现"繁案精审，简案快办"的系统性制度创新。繁简分流对庭审实质化改革具有重大意义。在微观层面上讲，繁简分流机制要着力解决的是三个层面的问题：一是案件如何分流才能实现和有利于审判流程运行的快捷高效；二是庭审实质化审理方式究竟适用于哪些类型的范围；三是审判程序和流程如何简化和优化，使刑事诉讼的公正与效率达致可持续的良行状态。从宏观层面上看，繁简分流直接涉及的也是三大难题：一是相对有限的司法资源与绝对无限的司法案件之间的复杂关系；二是司法职能在社会治理中的定位作用；三是司法理念、工作模式与流程机制的再造重塑。由此，繁简分流既是推进刑事庭审实质化改革的基础前提，也是以审判为中心的刑事诉讼制度改革的重要内容，其核心包括案件资源的繁简分流和审判程序的简化优化[①]。就此而言，没有案件的繁简分流，就没有刑事庭审实质化改革。

---

① 关于简繁分流与程序简化方面有代表性的实证研究，可以参见：左卫民等：《简易刑事程序研究》，法律出版社2005年版；左卫民：《中国简易刑事程序改革：一个初步的反思——以S省S县法院为主要样板》，载左卫民等：《中国刑事诉讼运行机制实证研究》，法律出版社2007年版，第282-300页；李本森：《刑事速裁程序试点研究报告——基于18个试点城市的调查问卷分析》，载《法学家》2018年第1期；李本森：《刑事速裁程序试点实效检验——基于12666份速裁案件裁判文书的实证分析》，载《法学研究》2017年第5期；陈瑞华：《"认罪认罚从宽"改革的理论反思——基于刑事速裁程序运行经验的考察》，载《当代法学》2016年第4期。

一、推进刑事案件繁简分流与审判程序简化的形势背景

（一）缓解人案矛盾的现实需要

司法案件持续上升，审判负荷日益加剧，是当今世界不少国家普遍面临的巨大压力。纵向来看，40 年来我国司法案件量上涨 30 多倍，而法官增长仅 3 倍多，与案件增幅明显不成比例[①]；2013—2017 年，全国四级法院共受理案件 8 904.94 万件，较上一个五年上涨 59%。而成都又是其中案件压力尤其突出者，五年来共受理各类案件 1 112 944 件，同比上升 101.28%，远远超过全国平均增幅；其中共受理刑事案件 76 063 件，同比上升 40.54%，也呈现持续快增态势。2017 年，成都市两级法院受理案件 354 952 件，比 2014 年上升 102.54%，三年时间受理案件翻了一番。横向来看，成都两级法院案件总量已经在全国各中级人民法院系统排名第一，而且用全省法院 1/8 的人员、1/6 的法官，办理了全省 1/3 的案件，案件压力之大可见一斑。同期成都市两级法院审判人员只有小幅微增，加之立案登记制和法官员额制改革的不断推进，全市法院人案矛盾空间加剧。如何采取有效措施缓解人案矛盾已经成为全国四级法院不可回避的严峻课题。

（二）资源配置效率的必然选择

从诉讼资源配置规律来看，在确保刑事诉讼公正的前提下，越简单案件耗用的资源越少，成本越低，配置资源也应相应较少；越复杂疑难案件耗用的资源越多，成本越高，配置资源也应相应较多[②]。而长期以来部分刑事案件久拖不决，超审限，从某种意义上讲正是刑事司法资源配置不科学导致的结果。简单和疑难案件不加区分地占用有限司法资源，导致解决疑难案件的资源投入严重不足，一方面简单案件快不起来，当事人意见大；另一方面，疑难案件难以精细化审理，审案质量难以得到保障。推行繁简分流，就是在不增加办理力量投入和不压缩总体办案量

[①] 最高人民法院司法改革领导小组办公室：《新时代深化司法体制综合配套改革前沿问题研究》，人民法院出版社 2018 年版，第 450 页。

[②] 林钰雄：《刑事诉讼法》下册各论编，元照出版有限公司 2006 年版，第 232 页。

的情况下，采取简案快办、难案精办的方法，进一步缩短简单案件办理时限，减少简单案件对司法资源的耗用，进而确保更多的司法资源审理疑难案件，实现提升审判效率、维护司法公正的目标。正如学者所指，"遇案件至为轻微，事实复至为明显，倘必须依繁重程序从事审判，徒滋劳费，且鲜有实益。故为迅速之裁判讲，简化审理程序，从速结束刑案，不但对于被告无害，反而可以增进办案之效率，对于刑事裁判而言，有时亦不无必要"[①]。其目的在于用相当司法力量快速解决简单案件，从而将优势司法资源投入疑难案件，实现难案精审，带动刑事审判效率提升和质量提高。

（三）庭审实质化改革的内在要求

社会分工对于技术创新、效率提升和社会进步的促进作用不言而喻，在一定意义上可以讲，人类社会的进步史就是社会分工的细化史。近年来，成都中院结合内设机构改革将原来的刑一庭和刑二庭进行整合，构建了七个专业化审判团队，承担审理专业化类型案件和统一审判尺度的双重职责。组建以员额法官为核心的新型专业化审判团队，推行类案专业化审判，是司法责任制改革的重要组成部分。而类案专业化审判只有与简繁分流结合起来，对所有案件既区分类型、也划分难易，专业化审判的优势才能真正发挥出来，有效促进类案法律适用的统一，最大限度地避免"同案不同判"。

（四）满足人民群众多元司法需求的长远需要

不同难度的刑事案件，当事人的需求也各有不同。简案程序贵在简省便捷，难案程序重在细审详理，故推进案件繁简分流、程序全面简化，实现简案快办、难案精审，实质上是对人民群众多元司法需求的充分尊重和有效回应，是在司法领域问计于民的"民生工程"[②]。

[①] 蔡墩铭：《刑事诉讼法概要》，三民书局股份有限公司 2011 年版，第 317 页。
[②] 最高人民法院司法改革领导小组办公室：《新时代深化司法体制综合配套改革前沿问题研究》，人民法院出版社 2018 年版，第 451 页。

二、我国简易刑事程序的现行规则体系

1996年,修订后的《中华人民共和国刑事诉讼法》(下文简称《刑事诉讼法》)首次设立简易程序,实现了历史性突破。其后"两高"(最高人民法院、最高人民检察院)发布《关于适用简易程序审理公诉案件若干问题的规定》,对刑事简易程序作出细化规定;2003年"两高一部"(最高人民法院、最高人民检察院、公安部)发布《关于适用普通程序审理"被告人认罪案件"的若干意见(试行)》,首次确立"普通程序简化审"制度。2014年6月,全国人大常委会通过决定授权"两高"在北京等18个城市开展刑事速裁程序试点,随后"两高两部"(最高人民法院、最高人民检察院、公安部、司法部)发布《刑事案件速裁程序试点工作办法》,试点工作正式启动①。2016年7月,中央深改组通过《关于认罪认罚从宽制度改革试点方案》;同年9月,全国人大常委会通过决定授权"两高"在前述18个地区开展刑事案件认罪认罚从宽制度试点工作,速裁程序试点纳入其中继续试行。2016年9月,最高法发布《关于进一步推进案件繁简分流优化司法资源配置的若干意见》,着重针对完善从立案到二审衔接的诉讼程序环节、优化内部资源配置与充分利用外部资源等问题作出进一步规定。2017年2月,最高法《关于全面推进以审判为中心的刑事诉讼制度改革的实施意见》提出:扩大速裁程序适用范围,完善速裁程序运行机制;推进认罪认罚从宽制度改革;强化当庭宣判,速裁程序案件一律当庭宣判,简易程序案件一般当庭宣判,普通程序案件逐步提高当庭宣判率。

2018年10月,《刑事诉讼法》再次迎来大修,认罪认罚从宽制度和刑事速裁程序被一并纳入,认罪认罚从宽作为我国刑事诉讼的一项基本原则正式确立。同时,《刑事诉讼法》第222条规定,"基层人民法院管辖的可能判处三年有期徒刑以下刑罚的案件,案件事实清楚,证据确实、充分,被告人认罪认罚并同意适用速裁程序的,可以适用速裁程序",即

---

① 截至2016年6月30日,各地确定试点基层法院217个,适用刑事速裁程序审结案件52 540件54 572人,占试点法院同期判处一年有期徒刑以下刑罚案件的35.88%,占同期全部刑事案件的18.48%(参见蔡长春:《刑事速裁程序试点两年办案质效双升》,载《法制日报》2016年9月5日)。

对于认罪认罚案件中的轻微、简单案件可以适用速裁程序进行审理，这是我国简易刑事程序立法的又一次突破。

三、域外繁简分流和程序简化情况

进入20世纪下半叶以来，西方国家面临日益加剧的案件压力和民众对司法程序的不满，相继对刑事诉讼程序进行改革，普遍增设新的快速程序，这对我国刑事诉讼制度改革是一个重要启示。

（一）日 本

一方面，日本比较重视案件繁简分流，并针对简案构建了多通道程序。（1）即决审判程序，2004年设立，适用要件主要包括：案件轻微且案情明确、对事实没有争议、犯罪嫌疑人同意等；判决一般当日作出，宣告惩役或禁锢刑时须缓期执行。（2）略式程序（简易命令程序），适用要件为案件轻微犯罪且嫌疑人没有异议，由简易法院根据检察官提出资料，不经开庭而以略式命令形式科处罚金或罚款。与即决审判程序相比，略式程序的最大特点是不开庭、不调查证书、不使用判决。（3）简易公审程序。适用要件为可能处死刑、无期或最低刑期为1年以上惩役或禁锢刑以外的案件，且被告人认罪。该程序是对公审程序的简化，大量程序被省略，但实务中适用很少。（4）交通案件即决审判程序，针对交通案件设立的一切程序当天终结的迅速且简易的审理方式[①]。另一方面，2001年日本发布《司法制度改革审议会意见书——支撑21世纪日本的司法制度》报告，简化优化刑事诉讼成为改革重点之一。为提高刑事审判的效率，要求法庭辩论原则上必须连日开庭、不予中断（集中审理），并设立由法院主持的新的准备程序，以便在第一次公审之前整理所争执的焦点问题、制定审理计划，特别重要的是为缺乏财力的嫌疑者也设立公共辩护制度，使嫌疑者和被告人的辩护权从制度上获得一贯性的保障。

[①] 张凌、于秀峰编译：《日本刑事诉讼法律总览》，人民法院出版社2017年版，第7-8页，第236页；宋英辉、孙长永、朴宗根等著：《外国刑事诉讼法》，北京大学出版社2011年版，第486-489页。

需要指出的是，引进连日开庭的集中审理制度和嫌疑者公共辩护制度是这次刑事制度改革的划时代性成果①。

（二）意大利

意大利过去存在着严重的刑事诉讼拖延，欧洲人权法院曾多次批评②。1989年意大利颁布新刑事诉讼法，大力推进简繁分流和程序简化改革：

1. 针对侦查卷宗的快速书面审程序

（1）直接审判程序，主要针对四类案件：其一，现场挡获案件，检察官可以证据充分为由，在48小时内将被告人带至法庭并要求直接审判；其二，虽非现场挡获但检察官已掌握充分证据，检察官提出直接审判要求且被告人未表示异议；其三，现场挡获但需进一步调查案件，检察官可在15天内要求直接审判；其四，被告人彻底供述案件。

（2）迅速审判程序。侦查开始后90天内，检察官如已收集到足够证据，即可直接交付审判而无需预审。

2. 可替代审判的程序

（1）刑事命令程序，其实质是检察官提出的减轻处罚以了结案件的建议；（2）借鉴美国辩诉交易程序而设立的基于控辩双方要求对刑罚适用的程序，适用于法定刑不超过3年监禁的案件；（3）简易审判程序或即决审判程序，法官不举行公开审判，而仅通过审查检察卷宗材料即可作出判决，可适用案件范围很广甚至包括重罪案件，但前提是被告人作有罪答辩。

意大利采取灵活性优先的多通道模式，通过一系列特殊程序来避免完整的对抗式诉讼程序，提高诉讼效率。但是，意大利新刑事诉讼法实施状况表明，立法与实践常常并非完全一致，甚至导致所谓的"实践反对立法"③，引入"权利主导型"的对抗式诉讼程序与解决刑事诉讼效

---

① 季卫东：《世纪之交日本司法改革的述评》，载《环球法律评论》2002年第1期。
② 陈瑞华：《比较刑事诉讼法》，中国人民大学出版社2010年版，第411页。
③ 左卫民等：《简易刑事程序研究》，法律出版社2005年版，第122页。

率低下的艰巨难题之间始终存在着紧张关系①。

（三）德　国

20世纪80年代以来，德国刑事案件发案率显著上升，"司法机关已经处于工作负荷极限，用传统方法已不能获得更多的人力资源，因此必须尽一切可能以使法院的程序更简化、更紧凑"，德国开始谋求简化刑事程序，迅速处理案件②。德国于1987年公布《刑事程序修改法》，对刑事程序作了较大范围修改；1993年公布《减轻司法负担法》，进一步拓展处罚令适用范围；2004年又公布了《司法现代化法》，促进刑事程序更加简化。到2018年，德国刑事诉讼中正式指控和程序完备的"完整审判"已经成为例外，检察官驳回了三分之二有明确嫌疑人的刑事起诉，被起诉案件中只有不到一半得到了"完整审判"，甚至在被起诉案件中，审判在某种意义上变成了审前调查结果的传递。一方面不需要"完整审判"的不太严重的犯罪越来越多，另一方面复杂的、有争议的案件，尤其是经济犯罪案件也越来越多。为此需要对简单案件和被告人认罪案件程序进行进一步简化，由此产生了几种替代审判或折中的处理方式：一是没有审判结果的释放；二是交纳一定金钱后获释；三是被告人认罪以获取量刑优惠（即协商性司法，类似于美国的辩诉交易），德国的辩诉交易主要是由法官出面向辩方施压以促使被告人尽快如实认罪，不同于美国的控辩双方主导模式。据估计，德国约有20%～30%的刑事案件都进行过某种形式的协商③。上述折中处理方式是有条件的，其中最重要的是被告接受，同时一些非常严重或争议很大案件仍须经完整审判程序，对被告人的权利保障也得到进一步强化④。

从上述国家的改革情况，可以得出如下启示：

一是案件的繁简分流和审判程序的简化优化已经成为相关国家刑事

---

① [意]马可·法布里：《意大利刑事诉讼程序与公诉改革之回顾》，叶宁译，载《比较法研究》2010年第5期。
② 左卫民等：《简易刑事程序研究》，法律出版社2005年版，第26-27页。
③ 左卫民等：《简易刑事程序研究》，法律出版社2005年版，第37页。
④ [德]马斯·魏根特：《德国刑事诉讼制度的新发展》，2018年10月12日在中国人民大学"名家刑法讲座"第142期的演讲。

司法改革中的共同潮流和普遍趋势。且案件分流与程序简化两个方面缺一不可，前者涉及案件资源如何分类和配置，后者涉及审判流程如何因应案件特点和审理需要进一步简化程序环节，缩短诉讼周期，减少成本内耗，提高诉讼效率。

二是恢复性司法理念导引下的建构多通道审判程序分流机制成为刑事诉讼制度改革中引人注目的重点亮点。其中一个突出变化是，传统意义上的"完整审判程序"仍然保留但仅适用于极少数复杂疑难和争议较大案件，绝大多数简单案件、轻微案件则通过灵活多样的各类简化程序通道解决，其中既有审判程序内的分流，也有审判程序外的分流。尤其是审判程序外的分流，实质上借鉴了民事案件前端分流、诉非衔接的治理思路，将恢复性司法理念引入刑事审判，在很大程度上突破了长期以来刑事审判程序的单向刚性结构，成为20世纪下半叶以来西方国家刑事司法改革中一个突出现象，值得特别关注和积极借鉴[①]。

三是难案程序走向相对"同质化"，简案程序在不同国家则呈现出特色鲜明、多元多样的发展格局。传统意义上的刑事审判程序几乎只有普通程序，而当代的刑事审判程序不仅有简易程序，而且简易程序日益成为多元多样的本国化、本地化实践，如日本简易刑事程序包括略式程序、即决审判程序、简易程序，且另有单独的《交通案件即决裁判程序法》，意大利的简易刑事程序多达五种，德国的简易刑事程序也呈现出明显的多样化趋势。

四是充分把握和尊重本国国情基础上的合理借鉴成为改革成功的关键一招。20世纪下半叶以来的刑事司法改革实践表明，脱离国情、远离需要的简单移植式改革往往难以真正奏效，意大利刑事司法改革中引入对抗式诉讼程序的经验教训就是一个典型，类似情况在原东欧国家、西班牙、俄罗斯等国家也不同程度有所反映，其经验教训值得认真吸取。刑事司法改革一旦背离自身法律传统和司法实践等制约条件和关联要

[①] 有学者对刑事诉讼程序分流的发展趋势作了深入分析，归纳了其四个特征：恢复性司法蔚然兴起；非刑事司法化手段得到普遍采用；程序分流措施呈现多元化；程序分流阶段不断扩展延伸（参见顾永忠：《刑事诉讼程序分流的国际趋势与中国实践》，方志出版社2018年版，第23-30页）。

素,有如"兰花长在卷心菜地里",实质上难以成功①。

四、繁简分流和程序简化改革的具体实践

从成都法院情况看,通过司法资源的合理配置,实现让相对固定的合议庭分别办理较简单案件和较难案件,达到简案快审和难案精审有机结合的办案模式,以推动刑事审判效率有效提升、缓解刑事审判案多人少的矛盾:(1)明确繁简标准。根据案件本身的难易程序,案件办理的公正风险,二审裁判对一审裁判的安定性等因素进行区分。(2)合理配置繁简合议庭及成员。结合办案数量、办案经历、工作经验等进行综合考虑,形成相对固定的简案合议庭和繁案合议庭,并根据实际情况,由较少的法官办理较多的简单案件,让较多的审判力量向疑难案件倾斜。(3)明确繁简案件的审理模式。对于确定为简案的案件,依法简化审理报告和裁判文书的制作。可以采取集中开庭、远程视频开庭、集中评议、集中宣判的方式节约时间、提升效率;对于不开庭的二审案件,可以集中提讯、集中送达,缩短审理周期。对于确定为繁案的案件,要按照庭审实质化的要求,严格按照各项操作规范开庭审理,并深入钻研具有代表性的个案,提炼审理规则,形成审判范示。(4)完善案件转办机制。为准确划分繁简案件,弥补错分繁简对司法资源的不当占用,设立繁简分流的配套"转办机制",法官发现有错分案件后填写"转办审批表",层报庭领导审批后重新分案。目前,成都基层法院刑事案件繁简分流比例基本实现8∶2配比,成都中院这一比例为76.2%,基本实现了用三分之一的人办三分之二的"简案",三分之二的人办三分之一的"难案"。

各地法院也在积极探索实践繁简分流和程序简化。如上海法院积极推进繁简分流,改革审判方式、简化审理程序,加大速裁和当庭裁判力度,做到简案快审、繁案精审,全市法院简易程序适用率87.6%②。广东省深圳市两级法院完善案件繁简分流的识别、分配、办理制度,努力实

---

① [意]简玛利亚·阿雅尼、魏磊杰编:《转型时期的法律变革与法律文化》,魏磊杰、彭小龙译,清华大学出版社2011年版,第21页。
② 刘晓云:《上海市高级人民法院工作报告——2019年1月29日在上海市第十五届人民代表大会第二次会议上》。

现简单案件程序简化、效率提升、公正提速。全市法院配备速裁快执法官 166 名，占全市法官的 18.3%，办结全市法院 64% 的案件，民商事速裁案件平均结案周期 45 天，刑事、行政速裁案件不超过 10 天，快执案件不超过 50 天①。吉林省吉林市两级法院推行简案快审，简案快审比率为 78%，当庭宣判率达 84%，同比分别上升 48%、11.3%；桦甸法院当庭宣判率高达 91.7%②。各地法院的程序简化优化探索实践中，较为突出的有南京中院的"刑拘直诉"，北京市海淀区法院的"刑事诉讼全流程简化模式"。特别是海淀法院的全流程简化模式尤具引领意义，其主要做法是：首先将速裁启动节点前移至侦查阶段；其次会同其他部门在看守所设立速裁办公区；再次是强化和促进诉讼环节减省和数据共享。据统计，2015 年 5 月至 2016 年 9 月，该院速裁程序案件占同期全部案件比为 22.6%，占简易程序案件比为 37.9%③；北京市海淀区法院探索全流程速裁模式，有效压缩案件流转各环节在途时间，被告人在押案件诉讼全程平均用时 33 天，比改革前适用简易程序审结的同类案件用时减少约 70%。全部速裁案件中，附带民事诉讼原告人上诉率为 0，被告人上诉率为 2.01%，检察机关抗诉率仅为 0.01%，上诉抗诉率比全部刑事案件低 9.52 个百分点④。

五、繁简分流和程序简化改革的主要操作难点

（一）繁简标准

刑事案件存在难易之分、繁简之别，但要制定明确且具可操作性的繁简划分标准，却非易事。原因在于，其一，案件的难易、繁简是多因素、多条件综合作用的结果，不能单纯根据金额大小、有无争议或者是

---

① 万国营：《深圳市中级人民法院工作报告——2019 年 1 月 18 日在深圳市第六届人民代表大会第七次会议上》。
② 姜富权：《吉林市中级人民法院工作报告——2019 年 1 月 15 日在吉林市第十六届人民代表大会第四次会议上》。
③ 陈瑞华：《司法体制改革导论》，法律出版社 2018 年版，第 449-452 页。
④ 中华人民共和国最高人民法院编：《中国法院的司法改革（2013—2018）》，人民法院出版社 2019 年版，第 22 页。

否受到关注作出判断；其二，案件的难易、繁简是客观见之于主观的过程，判断的主体、标准以及方法不同，结论也可能有异甚至大相径庭；其三，案件的难易、繁简还是一个随时间、情况而变化的动态过程。从实际操作角度而言，我们仍然可以达成一个共识性框架，考虑案件处理涉及的证据审查、事实认定、法律适用、社会影响、舆论压力等因素，并综合案件争议焦点、适用程序、区域差异等情况合理确定。据此，繁简分流的主要考量因素包括以下四个方面：（1）立案案由，原则上刑法罪名法定最高刑在三年以下的，可以直接识别为简案；（2）被告人认罪认罚情况；（3）控方量刑建议，如果建议在三年以下的，可以归入简案；建议在三年以上的，视情归入简案或者繁案；（4）其他情况①。

具体界定上可以有两种思路，一是列举法，即详尽规定哪些类型案件属于简案；二是排除法，即着重规定哪些案件不属于简案，类似于负面清单管理，这样更便于理解和操作。据此，具备以下情形的下列类型案件原则上不宜作为简单案件办理：（1）可能判处较重刑罚的案件；（2）上级法院因事实不清、适用法律错误发回重审的案件；（3）适用审判监督程序的案件；（4）涉及国家利益、社会公共利益的案件；（5）可能影响社会稳定的案件；（6）社会影响大、引起社会舆论高度关注的案件；（7）新类型案件；（8）与本院或上级法院的类案判决可能发生冲突的案件。应当指出，审级因素当然与案件的难易、繁简有一定关系，按我国的审级制度设置，案件的总体难度与影响力与审级之间存在某种正相关关系，但不能据此简单认为难案都在中级法院，而基层法院一定都是简案。实际上，中级法院刑事案件往往影响较大，但未必都是难案；同样，基层法院案件虽然影响相对较小，但也可能是难案②。

（二）实质化审理方式适用的难案比例

这里要特别指出，繁简分流直接涉及庭审实质化审理方式究竟适用

---

① 最高人民法院司法改革领导小组办公室：《新时代深化司法体制综合配套改革前沿问题研究》，人民法院出版社2018年版，第463-464页。
② 比如一些毒品案件中人赃俱获，事实清楚，证据确凿，由中院管辖主要是因为毒品数量大、量刑重，而案件事实本身并不复杂；还有些职务犯罪案件，被告人完全认罪，由中院管辖是因为职务职级，这些案件未必是真正意义上的难案。

于哪些案件范围，需要深入研究、合理确定和灵活调整。总的要求是，对大量事实简单、证据没有争议或争议较小且被告人认罪的案件，不仅不应适用实质审理方式解决，相反应当尽可能充分适用简易程序、刑事速裁和普通程序简化审通道解决，以确保实质化审理只适用于数量极小、比例极低的少数复杂疑难案件，真正发挥出实质化审理方式的功能与作用。结合成都地区刑事审判实践，基层法院刑事简案比例一般不应低于90%，适用于实质化审理方式的难案总体上不应超出10%；中级法院的难案比例诚然高些，但以不超过50%为宜。左卫民教授分析指出，"对于被告人大部分认罪、具有一定争议的案件以及适用简易程序审理的案件，都不应纳入庭审实质化改革的对象范围。庭审实质化改革主要适用于被告人完全不认罪或者大部分不认罪的案件，而这类案件可能占所有刑事案总量的1%~10%"①。笔者建议，可以对中级法院和基层法院繁简分流的比例实行抓大放小、总体控制，即从目标上设定，基层法院适用简易程序、速裁程序和普通程序简化审的简案比例不能低于90%，适用于实质化审理方式的难案比例总体上不得超过10%；至于如何确定繁简标准，可以由各基层法院根据自身刑事案件实际情况合理划定分流标准，并结合实际需要及时调整。

  有人认为，对基层法院而言，如果超过90%的刑事案件能通过适用简易、速裁程序或其他庭前分流机制得以解决，而适用庭审实质化方式审理的案件不超过10%甚至5%，那么，作为推进以审判为中心的刑事诉讼制度改革重要内容之一的刑事庭审实质化审理方式，实际上就仅有样本意义，而不具备可推广、可复制的普适性意义。则推进刑事庭审实质化改革的价值和意义体现在何处呢？笔者认为，主要体现在三个方面：

  第一，在疑难案件中充分实现程序公正公平的根本需要。尽管大量刑事案件可能并非复杂疑难，争议也未必激烈，但始终会有一小部分刑事案件，控辩双方对主要事实和关键证据持有实质争议，且对定罪量刑具有重大影响。在此类案件中，人民法院有义务、也有责任通过公开、公平、规范、精密的审判程序，充分保障双方特别是被告人和辩护人的

---

① 左卫民：《地方法院庭审实质化改革实证研究》，载《中国社会科学》2018年第6期。

诉讼权利，最大限度地促成在法庭上发掘和发现事实真相，确保公正裁判。不管比例再小，在此类争议性复杂疑难案件中，实质化审理方式的价值和作用始终至关重要，不容置疑。就此而言，刑事庭审实质化改革的长远价值和重要意义，与复杂疑难案件的数量和比例无关，而与我们在此类案件中追求刑事司法公正的根本目标攸关。可以这样认为，控辩双方争议的强度、案件复杂疑难的程度，与刑事庭审程序规则的精度以及诉讼参与各方投入的力度成正比，越是复杂疑难、争议越大的案件，越需要适用实质化审理方式。

第二，追求司法成本效益的现实需要。相比其他纠纷解决机制和方式而言，国家提供并由国家强制力保证的刑事诉讼程序，始终存在成本短缺与需求扩张之间的紧张冲突，加之近些年来我国各地法院司法案件持续快增趋势迅猛、案多人少矛盾空前加剧，阶段性司法资源供给不足的困难更加突出。同时还必须认识到，司法程序运行的规律之一是，司法案件的复杂疑难程度与司法资源的投放规模之间呈现正比关系。越简单案件，意味着可以在投入相对越少资源的情况下就可以获得公正公平的裁决；而争议越大、复杂疑难程度越高的案件，意味着需要投入的司法资源越多、获致公正裁决的成本越高。在此情形下，大量简单案件既无必要、也不可能照搬相对复杂的实质化审理方式，而应充分适用简易、速裁、认罪认罚从宽以及各类庭前分流机制，最大限度地实现简案快办。只有如此，我们才可能在少部分复杂疑难案件中投入优势资源和较高成本，确保在认定证据、查明事实的基础上作出公正裁判，实现难案精办。

第三，发挥司法裁判的规则形成和引导功能的长远需要。中外司法制度演进的历史表明，真正对司法程序的规范与完善、规则之治功能的确立与彰显、社会主流价值导向的弘扬与传承发挥深刻而持久影响的，其实正是那些为数较少、但复杂疑难程度较高的争议性案件。对此类案件加大程序资源的投放力度，依法保障诉讼各参与者特别是被告人和辩护人的诉讼权利，有效回应控辩双方的观点意见，有助于彰显刑事程序在促进公平公正方面的独立价值，高扬刑事诉讼对人权保障无可替代的不懈追求，也更有利于促进刑事裁判实体规则的传播和认同，在全社会最大限度地实现、维护和完善规则之治。

(三)分流模式

有两个层面的问题:(1)小分流与大分流的关系,小分流是指区分案件类型基础上的集中分流办理,是对繁简分流集中度的最低要求;大分流是指对案件总量不大或专业类型案件数量较小、难以分类组建繁案与简案团队的基层法院,或者繁简分流机制改革推进比较成熟的基层法院,可以跨审判类型成立速裁庭,集中分流办理简案。作为跨审判领域和类型的分流模式,大分流是繁简分流集中化集约化更高层次的要求,即打破案件类型,也是繁简分流下一阶段的方向所在。(2)繁简分流与专业化审判的关系,即采取分流优先式还是分类优先式。分流优先式是指对所有案件先进行繁简分流,再进行专业化分工;分类优先式是指对所有案件先进行专业化分类,再在各个团队内进行繁简分流。

客观而言,分流优先式的优势在于,一是分案标准明确,操作规范,对分案人要求较低;二是有利于专业化团队实现难案精审,简案团队做到快审速结。分类优先式的长处在于,一是分类明确,操作简单;二是有利于充分挖掘和发挥专业化审判的优势。结合起来看,大分流模式与分流优先式紧密相关,而小分流与分类优先式关联,但大分流强调的是跨案件类型跨审判领域的综合性集成化繁简分流,而分流优先式和分类优先式更接近过去的类案条线内的小范围分流做法。原则上分流为繁案的,可以组建不同的专业审判团队实行精审细判;分流为简案的,不再实行专业化分工,应尽量在简案团队内实行轮流分案。

(四)分流流程

这一问题涉及的是一次分流还是两次分流,是随机分流还是人工分流。笔者认为,应当将"立案随机分流为主,二次人工分流为辅"确立为案件繁简分流的基本模式。繁简分流机制主要以立案分流为主,辅之以庭内审判经验判断二次分流,并强调逐步扩大立案阶段繁简分流的比例,最终实现"漏斗"式的分流方式。其主要理由在于:一是从案件进入法院开始，建立院级层面的繁简分流刚性识别和分流运行机制，有助于改变过去庭内分流标准不明确、分流不彻底等问题，推动繁简分流机制的良性运行。二是有利于充分发挥计算机识别优势，从根本上解决过去人工识别成本高、效率低的问题，同时又辅之以业务庭二次人工分流，通过必要的经验嵌入，弥补电脑自动分流可能带来的误差和错分。

（五）"错分案件"是否转办问题

错分包括识难为简、识简为难两种，此外也有可能因办理过程中出现新情况而使难易发生转换。对此类情况是否转办，一直存在分歧。多数做法是保留出口，但施予某种限制条件。比如简案团队（或速裁庭）收案后，在审理阶段出现新情况致案件繁简程度发生变化，确属难案的并需转交繁案团队办理，经主管院长同意并报审判管理办公室备案后，可以移交繁案团队办理。其理由是：针对简案在审理过程中有可能出现的因诉讼请求、追加当事人等因素，转变为繁案的情形，简案法官花费大量时间和精力办理此类案件，进而导致影响手中其他简案周转速度，有违实行繁简分流的初衷。故根据审判实践，对审中退回留下出口，但审中退回情形原则上应把握较严格的标准，且应作为繁简分流的负向指标，因此应设置主管院长批准和审管办备案等流程要求。但笔者认为，除了简案团队（或速裁庭）收案后很快发现不适合快审且案件尚未进行实质审理的，可以退回案件由难案团队审理外，对分至简案团队且已进入实质审理阶段，因出现新情况而使案件转换为难案的，不宜转出再交由难案团队办理。其理由在于：一是从制度逻辑上讲，如果一个员额法官有能力办理某类案件的简案，他也应该有能力办理该类案件较难者；二是由原团队继续办理，有利于最大限度地提高诉讼效率，节省诉讼成本；三是转办不符合诉讼经济原则，将增加时间、人力和流程耗费，徒增诉讼成本，降低诉讼效率，增加当事人诉累，而且还可能造成程序空转甚至回流。

（六）大力推进认罪认罚从宽制度

在全面总结前几年认罪认罚从宽和速裁程序改革试点经验的基础上，2018年10月修订后的《刑事诉讼法》完善了认罪认罚从宽制度的操作程序规则，新增了刑事速裁程序。探索推进认罪认罚从宽制度，是我国在借鉴其他国家相关制度和实践基础上结合我国刑事诉讼实际进行的重大创新。这一创新给传统的刑事程序理论也带来了新的挑战，程序不仅应该是公开和公正的，同时也应尽可能地经济和柔性，刑事审判可以成为一系列有机和可流动的安排，一个所有参与者共同推进的商谈性过程，"刑事判决将不再被看作法官审判权的垄断性象征，而是意味着具有可商谈性的刑事审判程序的合理终结"[①]。实践已经证明，认罪认罚从宽制度具有广泛的实践需求，有利于在确保底线公正的前提下最大限度地扩展程序协商空间，提高刑事诉讼效率，促进诉讼成本投入的最大化利用，充分实现诉讼分流，有效缓解越来越突出的案多人少矛盾，其综合价值极为重要。

下一阶段，一方面，要结合大力推进认罪认罚从宽制度实施，统筹协调刑事速裁程序、简易程序和普通程序的适用，以是否认罪、认罚为主要判断标准，不断拓宽简单轻微刑事案件的适用范围，进一步细化认罪认罚从宽的具体操作规则；同时结合贯彻落实修订后《刑事诉讼法》，把新设立的刑事速裁程序用足、用好、用活，以充分发挥认罪认罚从宽、刑事速裁和简易程序的简便快捷优势[②]。另一方面，在尊重被告人、被

---

① Un Jong Pak, "Judicial Justice: From Procedural Justice to Communicative Justice", *Journal of Korean Law*, 2016（16），pp.158.

② "2014年8月26日开始，中国在北京等18个城市217个基层法院开展为期两年的刑事案件速裁程序改革试点。试点期间，试点法院适用速裁程序审结刑事案件52 540件54 572人，占试点法院同期判处一年以下有期徒刑以下刑罚案件的35.88%，占同期全部刑事案件的18.48%，10日内审结的占92.35%，比简易程序高65.04个百分点，当庭宣判率达96.05%，比简易程序高41.22个百分点。北京市海淀区人民法院探索全流程速裁模式，有效压缩案件流转各环节在途时间，被告人在押案件诉讼全程平均用时33天，比改革前适用简易程序审结的同类案件用时减少约70%。全部速裁案件中，附带民事诉讼原告人上诉率为0，被告人上诉率为2.01%，检察机关抗诉率仅为0.01%，上诉抗诉率比全部刑事案件低9.52个百分点。中国政法大学开展的第三方评估显示，被告人对速裁程序运行效果满意度达97.69%。"（参见中华人民共和国最高人民法院编：《中国法院的司法改革（2013—2018）》，人民法院出版社2019年版，第22页）

害人等诉讼权利、实体权利的基础上，进一步调动各方主体依法参与到刑事诉讼的程序协商和分流之中，促进我国多样化、多通道刑事诉讼程序体系不断完善①。值得注意的是，此次《刑事诉讼法》修改中，虽然就认罪认罚从宽制度作了诸多针对性规定，但其采取的立法方式是将该制度的理念、原则和具体要求嵌入到刑事速裁程序、简易程序和普通程序之中，形式上并没有确立独立和专门的认罪认罚从宽程序。从长远来看，在《刑事诉讼法》中"建构独立的认罪认罚从宽协商制度和程序是必然趋势"②，为此，应当进一步推动认罪认罚从宽程序的专门化和精密化，力争尽快在《刑事诉讼法》中增设认罪认罚从宽程序，促进我国刑事诉讼程序的多元化体系不断丰富和完善。

（七）审判程序的全流程简化

我国《刑事诉讼法》规定的审判程序主要包括普通程序、简易程序、速裁程序。至于认罪认罚从宽，在很大程度上是对普通程序的简化和对简易程序的再简化，其本身还难以构成独立的刑事诉讼专门程序。学者已经指出，我国刑事诉讼特别是刑事诉讼程序本身缺乏灵活多样的案件处理机制，审判程序存在着通道少、程序繁、成本高、不经济的突出问题。由于种种原因，刑事审判程序处于一种既不能保障权利又不具有充分经济性的尴尬局面，亟待进一步改革③。在推进刑事庭审实质化改革中，重要的程序配套措施之一就是审判全过程的程序简化、流程再造。

---

① "2016年9月至2018年9月，最高人民法院共确定试点法院281个，适用认罪认罚从宽制度审结刑事案件205 510件，占试点法院同期审结刑事案件的53.5%。"（参见中华人民共和国最高人民法院编：《中国法院的司法改革（2013—2018）》，人民法院出版社2019年版，第22页）另据2017年11月周强院长的专题报告，"截至2017年9月，251个试点法院审结认罪认罚案件6.9万件7.8万人，占同期全部刑事案件的42.7%。其中，适用速裁程序审结的占69.7%，非监禁刑适用率达41.4%"。（参见周强：《最高人民法院关于人民法院全面深化司法改革情况的报告——2017年11月1日在第十二届全国人民代表大会常务委员会第三十次会上》）另据了解，武汉市两级法院改革试点以来，共审结认罪认罚刑事案件17 031件18 379人，占同期审结全部刑事案件的68%，占审结三年有期徒刑以下刑罚案件数的77%。（参见秦慕萍：《武汉市中级人民法院工作报告——2019年1月7日在武汉市第十四届人民代表大会第四次会议上》）

② 樊崇义：《2018年〈刑事诉讼法〉最新修改解读》，载《中国法律评论》2018年第6期。

③ 左卫民等：《简易刑事程序研究》，法律出版社2005年版，第18-20页。

具体而言，对分配至简案团队（或速裁庭）的简单案件，应当遵循"速送、速审、速判、速结"的工作模式，提倡"当天立案、当天移送、当庭（调解）宣判、当庭制作裁判文书"，固化并完善集中开庭、要素式审判、文书简化、示范诉讼等现有成果，全面推进简案提速，主要环节包括：一是简化庭前准备。收案两日内确定开庭日期并向被告人送达起诉书，并将同期轻微刑事案件尽量集中安排审理。二是推行要素式审判。梳理总结常见类型案件事实查明、法律适用等基本要素，制定标准化庭审提纲、审判指引，供法官、当事人使用，提升简案庭审和裁判效率。三是积极推行送达简易化。创新工作机制和方法，遵循合法、便捷、有效、集约的原则，探索更加高效的人员组合及工作模式，全面落实送达地址确认制度，引导当事人选择电子、电话送达，有效提升送达效率。四是集中办理案件。对同批案件采取"门诊式"庭审方式，将拟适用快审机制案件原则上分配到同一承办人，并推行"三个集中"，即集中送达、集中开庭、集中宣判，在同一时段内对多个案件实现连续集中审理。开庭审理前可以通过电子显示屏滚动播放或当庭以书面、播放视频等方式宣布法庭纪律，告知当事人有关诉讼权利义务。五是简化庭审环节。立案后，审判员制作简单的审理案件情况表，由检察机关制作举证清单，清单中就主要证据目录及证明问题做简要说明，法院在送达法律文书时一并送达被告人，对被告人无异议的，庭审时只就证据名称做说明，有疑问的证据详细举证。庭审中在征求控辩双方意见基础上实行法庭调查与法庭辩论融合，针对争议焦点集中调查和辩论。在被告人同意的情况下，推广采用远程视频模式进行庭审，节约诉讼成本，提升庭审效率。

六、进一步完善繁简分流和程序简化机制的对策建议

第一，重塑我国刑事诉讼程序的多通道、分层化、递进式格局。所谓"多通道"，是指刑事诉讼程序应当充分关注刑事案件当事人和参与人的司法需求和刑事案件的变化趋势，设立多样化的诉讼程序，适应不同难易程度和不同类型案件的审判需要；所谓"分层化"，是指刑事案件的程序选择适用要立足一审、重在一审，并与不同审级的功能定位实现有

效对应和充分整合；所谓"递进式"，是指刑事案件的程序适用要建立与案件难易、审级功能相匹配的金字塔形格局，即对大量简单刑事案件，立足在一审通过速裁和简易程序解决；在此基础之上，对少量相对疑难复杂、涉及公益以及影响较大案件，适用普通程序解决；只有对极少数特别疑难复杂和影响重大案件，适用庭审实质化审理方式和程序解决。由此，在综合考量司法需求、案件数量、审级功能、适用程序等关键要素基础上，结合我国四级法院的差异化审级功能体制，形成和确立基层法院刑事案件原则上适用速裁程序和简易程序、仅极小部分案件适用普通程序，中级法院刑事案件适用普通程序，高级法院和最高法院刑事案件适用普通程序的合理格局。

第二，完善繁简分流、需求驱动的司法资源投放和配置新模式。总体要求是：一方面，加大对大量简单案件所需资源特别是人力资源的投放配置，结合案件增势和审判任务，为负责审理简案的员额法官配足配强法官助理和书记员，确保简案快审，实现符合底线正义的快捷公正；另一方面，优化对少量疑难案件所需资源的投放配置，重在于质，确保难案精审，实现不打折扣的公平公正。通过合理配置和调整完善，真正形成科学的法官与案件比例（即员额法官年度案件任务数）、审判辅助人员与法官比例以及审判辅助人员与案件比例。

第三，实施融刚性与弹性于一体的引导和调控策略。其要点包括：一是简繁比例的倒挂式总控。可以考虑对基层法院刑事案件适用速裁程序、简易程序案件数不得低于90%，适用普通程序案件数不得高于10%；中级法院刑事简案比例不得低于50%，难案比例不得高于50%。二是繁简分流标准权下沉。比例总控原则确定后，如何划分繁简其实只是技术操作层面问题，应当且宜交由审判业务庭根据繁简分流标准进行具体判断。三是阶段性同步调节。对繁简比例和繁简标准，要结合刑事审判工作实际情况特别是案件变化态势、重点突出类案、审判力量变化等因素及时动态调整，不能一成不变、一劳永逸。

第四，扩展中级法院刑事案件的程序选择。其关键在于中级法院能不能适用简易化程序，并用独任审判方式解决部分相对简单刑事案件。从刑事司法实务情况看，中级法院刑事案件所涉犯罪的严重程度、证据数量、量刑情节等因素一般甚于基层法院，但案件本身的实际难度有时未必更高；二审刑事案件也是如此，虽然存在一方不服情形，但因一审已经做了大量的证据和事实查证工作，二审面临的事实审难度和工作量未必更大。由此，中级法院刑事案件不仅同样可以划分繁简难易，而且实质上也同样具备适用简易程序的条件。研究和拓展中级法院审理刑事案件的程序选择空间，其实大有必要。

专题二　刑事庭审对质程序

从日常生活经验而言，当面对质本身就是澄清事实、还原真相的最好办法之一。通过对质以求真相，作为一种裁断方法有着悠久历史，我国古代向有"相告者对讯"传统。程序法律意义上的对质，则是刑事诉讼中裁判证据、认定事实的一种重要方法、程序，同时也是被告人和其他诉讼参与人的基本诉讼权利[1]。过去，由于证人实际出庭率很低，对质询问规则在我国刑事诉讼中客观上难有生存空间。需要强调的是，构建完善以审判为中心的刑事诉讼制度，大力推进庭审实质化改革，客观上不仅要求强化证人出庭制度的完善和实施，也需要引入证人对质询问制度，应当通过修改《刑事诉讼法》，建构遵循司法规律、适应民众需求并具备我国特色的对质询问制度，对对质主体、对质程序、对质方式和对质禁止事项作出明确和具体规定。

一、构建完善庭审对质制度的重要意义

长期以来，我国刑事诉讼特别是刑事庭审一直存在功能虚化症结，突出表现在：微观操作层面，科学化、体系化、精密化法庭调查方法和

---

[1] 对质权内容有二：一是对视权，被告与证人或共同被告同时在场彼此面对面，并有目视对方且要求对方目视自己之权利；二是互问权，被告与证人或共同被告互为质问。此互问权与诘问权极相近，故也可认为广义的对质权包括了诘问权。台湾地区学者认为，对质权与诘问权尽管类似，实为不同之权利，其最根本区别在于对质为被告与证人同时在场互为面对面。参见王兆鹏：《刑事诉讼法讲义》，元照出版有限公司2010年版，第730页。

技术尚未真正形成；中观制度层面，刑事庭审阶段法庭调查程序制度的粗糙设计和粗放运行；宏观理念层面，对被告人基本人权和诉讼权利的尊重和保障还远不到位。而刑事庭审对质制度，与上述三个层面因素都紧密相关。进一步强化刑事庭审对质制度建设，由此也成为破解上述三个层面短板、深化以审判为中心的刑事诉讼制度改革的重要举措之一。

第一，从方法视角而言，对质旨在使在同一特定事实或证据上存在不同甚至相反陈述的双方（包括控辩双方、被告人、证人、被害人等），在法官主持下，在法庭当面互相诘问，以澄清疑点，获致真相。对就同一事实或证据问题作出不同甚至相反陈述的双方而言，必有一方说法为假或部分失实，而最具实质意义的查证方法就是给予双方平等机会，并令双方于法庭上当面互相诘问，以最大限度地揭穿谎言、发现真实。就此而言，对质是刑事庭审审核证据、认定事实中最为重要且不可或缺的方法之一。因此，建构我国刑事诉讼的对质权制度，无疑是我国刑事庭审法庭调查方法的核心内容和重要组成部分之一，对确立和完善我国刑事诉讼的司法技术体系特别是法庭言辞证据调查方法具有特殊的重要价值。

第二，从程序视角而言，对质是刑事庭审调查阶段具有独立价值的程序，对质双方均有同等机会陈述己方意见、听取对方意见并进行质疑或反驳，法庭应确保双方在此程序中获得公平对待。对质权在法庭审理阶段的展开，具体表现为一整套程序规则相互衔接。因此，建构和完善刑事庭审对质权制度，同时也是我国刑事庭审程序进一步完善的重要环节，对实现刑事诉讼特别是庭审程序规则的体系化、精密化运行具有重大推动作用。

第三，从权利保障视角而言，对质首先是受到刑事指控者的人权和诉权，其次也是参与刑事庭审各方都享有的一项诉讼权利①。对质的充分和有效程度，在很大程度上决定着刑事诉讼人权保障价值的实现程度。因此，建构和完善刑事庭审对质制度，本身就是对被告人基本人权和诉

---

① 龙宗智教授指出，在中国诉讼文化中，应当建立"对质权"的概念，赋予对质一种权利属性。目前，人们越来越认识到当面对质的证据学功能和权利保障意义，因此，在建立"对质权"的理念与制度的基础上，促使证人出庭，是完善中国刑事诉讼制度与证据制度的现实要求。参见龙宗智：《论刑事对质制度及其改革完善》，载《法学》2008年第5期。

讼权利的承认、尊重和保障①，同时也是对刑事诉讼所有参与方诉讼权利的保护，体现了现代刑事诉讼在依法惩治犯罪、保护社会秩序的同时，更加注重人权保障的根本价值追求和司法理念引领，有利于进一步拓展刑事诉讼的社会基础，增进刑事司法公正的公众认同②。

二、我国庭审对质法律和司法解释规定

早在 1956 年，最高法《各级人民法院刑、民事案件审判程序总结》要求，"讯问证人的时候，应当指出本案需要他证明的问题，并让他作充分的陈述。证人有数人的时候，应当隔离讯问，必要时可以让他们互相对质。③"1976 年生效的《公民权利和政治权利国际公约》第 14 条第三款第 e 项对对质权作了明确规定，"在判定对他提出的刑事指控时，任何人都有权询问或业已询问对他不利的证人，并使对他有利的证人在与对他不利的一个证人相同的条件下出庭和接受询问"。我国虽不是该公约缔约国，但在 1998 年已经签署该公约。

2012 年修订后的《刑事诉讼法》首次就证人出庭作证作出规定，但没有对刑事庭审中的对质问题予以明确，不过 2018 年修订后的《刑事诉讼法》仍有相关规定可供依据，主要包括第 61 条、第 194 条，其中的当事人显然应当包括被告人，上述两条均隐含了被告人的对质权利。《最高

---

① 欧洲人权法院在一个裁定中明确，公平公正的刑事诉讼要求，证据必须于公开庭审中，在被告人在场的情况下出示，且被告人有权质疑和诘问控方证人，因为赋予被告人质疑证据的机会，通常是了解证据是否有问题的最好方法之一。参见 David Alan Sklansky, "Confrontation and Fairness", *Texas Tech Law Review*, 2012（45），pp.104-105。

② 需要指出的是，对质对查明事实想起虽然重要，但并不保证能获致真相。发生在法国的一件父亲被控强奸其亲生女儿案件中，法庭在征得女孩同意后安排她与父亲当面对质一个多小时，其间女孩一直昂着头，极为详细地讲述了"遭受粗暴行为"经过；不出所料，父亲失去了对孩子的监护权，女孩则被送到寄宿学校。十五个月过后，当女孩祖母去看望她时，女孩突然泪如雨下，承认自己撒谎，并揭发了其母以欺骗法医的罪恶勾当。此案后来通过再审，父亲终于无罪释放。事情真相其实是，女孩母亲因出轨离婚，希望带走女儿一起生活，为达此目的，遂编造丈夫奸污女儿谎言，并骗取了法医信任。参见[法]勒内·弗洛里奥：《错案》，赵淑美等译，法律出版社 2013 年版，第 12 页。即令有这样的个案，我们仍然看重对质权的方法论意义和权利保障价值，因为没有针对同一问题的有效和充分对质，我们将很难找到更好的方法获得真相。

③ 转引自陈光中主编：《证据法学》，法律出版社 2015 年版，第 49 页。

人民法院关于适用〈中华人民共和国刑事诉讼法〉的解释》(下文简称《刑诉法解释》)第269条规定,"审理过程中,法庭认为有必要的,可以传唤同案被告人、分案审理的共同犯罪或者关联犯罪案件的被告人等到庭对质①"。但这仅属于同案被告人特殊情形下的对质,对更具普遍性情形的证人之间、被告人之间的对质则并无规定,对质的方法技术更无从谈起。相较之下,《人民检察院刑事诉讼规则》第402条第4款对对质权作了明确规定。《人民法院办理刑事案件第一审普通程序法庭调查规程(试行)》(下文简称《法庭调查规程》)第8条对对质询问作了具体规定,"有多名被告人的案件,对被告人的讯问应当分别进行。被告人供述之间存在实质性差异的,法庭可以传唤有关被告人到庭对质。审判长可以分别讯问被告人,就供述的实质性差异进行调查核实。经审判长准许,控辩双方可以向被告人讯问、发问。审判长认为有必要的,可以准许被告人之间相互发问。根据案件审理需要,审判长可以安排被告人与证人、被害人依照前款规定的方式进行对质。"《法庭调查规程》第19条第3款规定,"审判人员认为必要时,可以询问证人。法庭依职权通知证人出庭的情形,审判人员应当主导对证人的询问。经审判长准许,被告人可以向证人发问";第24条规定,"证人证言之间存在实质性差异的,法庭可以传唤有关证人到庭对质。审判长可以分别询问证人,就证言的实质性差异进行调查核实。经审判长准许,控辩双方可以向证人发问。审判长认为有必要的,可以准许证人之间相互发问。"上述规定不仅首次就被告人向证人的发问权明确作出规定,还专门就证人之间的相互对质作出规定,无疑是我国构建和完善刑事诉讼被告人质证权制度进程中的一次重要突破。

梳理上述规定可以发现,我国刑事庭审对质规定存在以下问题②:

---

① 学理认为,共同被告人之所以有对质权,本质上源于其针对其他被告人案件而言,应属证人身份,应立于证人之地位而为陈述。参见陈宏毅、林朝云:《刑事诉讼法理论与实务》,五南图书出版股份有限公司2015年版,第238页。
② 龙宗智教授将我国目前刑事诉讼的对质归纳为以下四个特点:一是法律缺乏规定,对质制度通过司法解释而确立;二是"两高"解释有矛盾,有效的解释规范中对质主体仅为共同被告;三是采共同被告对质与证人出庭作证(单向对质)并行的所谓"二元制"模式,但因不能强制证人出庭,被告与证人对质不能保证、难以实现。四是侦查程序中没有对质制度。参见龙宗智:《论刑事对质制度及其改革完善》,载《法学》2008年第5期。

一是刑事诉讼法对对质权没有作出完整而具体的界定，但相关条款隐含了对质权的精神实质和立法意旨。二是"两高"司法解释对对质权的一些特殊情形有所规定，但并未确立起对质权制度的基本架构和具体规范。三是"两高"司法解释对对质权的规定存在一定差异。最高法《刑诉法解释》只规定同案被告人对质权这一相对特殊的情形，而对更为一般化状态的被告人对质、证人相互对质未作规定，但通过《法庭调查规程》，最高法首次对被告人对质权、证人相互对质作出明确规定，较之最高检《刑事诉讼规则》相对更为进步。四是对对质权的基本理念、制度架构、方法技术等仍然缺乏深入研究和系统规定，尚未形成操作性较强的体系化格局。上述问题的存在，加之其他因素的影响，导致刑事司法实践中被告人对质权受到忽视，对刑事诉讼特别是庭审功能的发挥造成了消极影响。

三、庭审对质运行现状

一方面，成都等地刑事庭审实质化改革中对庭审对质权的探索实践已经取得初步进展。一是对被告人对质权的重视意识普遍增强，部分法院结合改革实践，探索尝试对质规则的积极性、主动性较强；二是将被告人行使对质权的主要内容确定为被告人与证人、被告人与鉴定人、被告人与被害人以及证人与证人之间等四种类型，构建共同而有差异的类型化对质模式和规则①；三是部分法院着力针对上述四种类型对质大胆

---

① 庭审实质化改革试点实践中存在三种操作模式：（一）被告人直接发问和对质模式，即通过直接由被告人本人向证人发问来行使对质权；（二）辩护人发问和对质模式，即在征得被告人同意后由辩护人询问证人并进行质证；（三）法官依职权发问和组织对质模式，即由法官在征求被告人意见后，依职权询问证人，并组织控辩双方质证。上列三种模式，都以承认和尊重被告人对质权为前提，并基于操作方便而采取了不同方法，旨在切实保护被告人对质权，其方向值得肯定。但从实践情况看，三种模式的操作效果确有差异。被告人直接行权模式最能充分体现被告人对质权的制度本意和法理价值，但受被告人自身能力条件特别是文化程度和法律知识因素影响，往往不能开门见山，公众观感和实际效果并不见好。在一些有侦查人员出庭的庭审中，甚至可能产生"罪犯审警察"的观感。第二种模式由于有律师的专业素养作保障，更能实现疑点澄清和证伪作用，但需建立辩护人事前征询和事后告知反馈规则，同时也面临如果被告人坚持自行行使对质权应当如何处理的问题。至于第三种模式，鉴于法官的庭审主持者和中立裁判者角色，一般情形下不宜直接询问证人，但确有必要时依职权发问的不在此限。

探索实践，相继推出一批效果较好的典型化试点示范庭审，具有一定的引导示范价值；四是有的法院结合改革实践开展专题研究，加强对质权和对质规则的研究指导，推动对质权理论研究与对质规则改革实践的双向互动。近几年来，全市法院相继推出一批试点试验对质程序比较规范、效果较好的案例，并在这些案例中有针对性地围绕对质的主要类型作了积极探索，积累了有益经验。

（一）被告人与证人对质

被告人与不利于己的证人当庭对质，既是被告人对质权的核心，也是构建完善刑事庭审对质程序的重点和难点。从成都地区实践情况看，在试点试验案件中，被告人与证人直接对质的庭审虽然较少，但有一些试点试验庭审已经显示出控辩审三方对探索、构建庭审对质操作规则的切实重视和可喜进展。如被告人周某某被控犯盗窃罪一案庭审中与证人龚某某对质片段：

审：被告人发问。

被：胖大姐，你认识我吗？

证：不认识。

……

被：我认识你，你是胖大姐，你老公是李老鬼。

证：没有人这么称呼我，认识我的人都喊我嫂子，没人喊我胖大姐。

被：那天你离我多远？

证：到书记员那么远。

……

被：当天你最先抓的我吗？

证：谭某某，吴某某。

被：错，是你先抓的我。我问你干什么，你说我偷东西。

证：你撒谎。

被：你撒谎还是我撒谎？

在法庭的主持下，被告人对不利于己的证人进行了较为充分的诘问，其发问重点直击要害，发问方式自然，一问一答简洁明了，表明被告人的对质权得到了切实保障。但类似案例明显偏少,反映出刑事司法实践中被告人的庭审对质权尚未得到充分保障,客观上仍然受到诸多限制;庭审中对质的操作规则也有待进一步细化。

(二)被告人与被害人对质

我国刑事诉讼中,被害人兼具证人和当事人双重身份,《刑事诉讼法》第 50 条明确规定被害人陈述为独立证据种类,因此被害人可以在刑事庭审中当庭作证;同时,被害人作为当事人有权参加刑事庭审,如《刑事诉讼法》第 191 条规定,"公诉人在法庭上宣读起诉书后,被告人、被害人可以就起诉书指控的犯罪进行陈述,公诉人可以讯问被告人"。但被害人的当事人身份并不完整,其享有的诉讼权利尚不充分。从实际情况看,被害人的出庭身份和角色更接近于证人。如被告人张某某被控敲诈勒索、危险驾驶一案庭审中与被害人对质片段:

被告人:是你开车走的是吗?

被害人:是。

被告人:我和土狗聊天,你们走后,有无通知我?

被害人:没有,不关你的事,我怎么会通知你。

被告人:在河边我有无打过你、骂过你?

被害人:没有,你只是来劝架,你把棒抢了。

被告人:是你们先走还是我先走?

被害人:你没和我们一路。

从上述对质片段可以看出,虽然辩护人没有发问,但被告人不仅对被害人进行了诘问,而且还做了一定准备;被告人诘问围绕被害人陈述且重点突出,并试图找出被害人证言漏洞,被害人回答也围绕事实问题,没有进行猜测或评论;双方发问和回答基本上采用的是封闭式方式,一问一答、简洁明了。总体上看,法庭对被告人对质权比较重视,效果较好。

(三)证人与证人对质

当不同证人就同一待证事实的陈述出现实质性不一致甚至直接矛盾时,证人之间的对质同样构成刑事庭审对质的重要内容,这对控辩双方围绕诉争焦点充分发问，保障最大限度地澄清疑点、查明真相具有重要作用。如一件被控故意伤害案庭审中控辩双方证人的对质片段：

审：传控辩双方证人到庭。

审：刚才控辩双方证人就案发后打120急救电话和110报警电话事实分别接受询问，存在如下矛盾：控方证人刘某称两个电话都是文某（辩方证人）打的，辩方证人称120急救电话是自己打的，110报警电话是被告人打的。请你们分别作出解释。

控方证人：当时我问文某打120没有，他说他打过来，我又问报警没有，他说他正在打。过一会120急救车就来了，我跟着120急救车把人送走了。

辩方证人：刘某问我打过120没有，我说我刚打过，他又问我打110报警没有，我说正在打。

控方证人：那为什么说是被告人打的呢？

辩方证人：我打两次都在占线，这时120急救车就来了，现场警笛声很大，我换了个地方继续打，发现被告人在旁边打电话，说他把人打伤了，然后说具体的地点和位置。等他打完了，我问他跟哪个打电话，他说跟110。

控方证人：那是他自己说的，不能说就是他本人打的。

辩方证人：你走后，他说警察来了肯定要收我的手机，他让我帮忙保管手机，我翻过通话记录，上面显示拨打号码110，现在还留在手机上。

在本案中，控辩双方证人针对报警电话是被告人还是证人打的这一事实问题陈述直接矛盾，控方证人称是文某打的，以此证明被告人并无自首情节，而辩方证人称是被告人打的，以证明被告人构成自首。据此，法官主持双方证人进行对质，引导双方证人紧扣究竟是谁打的报警电话这一问题展开对质，较好地运用了对质的功能价值，对审核证据、查清事实发挥了积极作用，同时也很好地保障了控辩双方的平等和充分对抗。需要说明的是，该案是证人之间的对质，至于更具重要意义的被告人与证人、被告人与同案其他被告人之间的对质，实例似乎不多，有待进一步重视、积累和提炼。

另一方面，成都等地庭审对质权的实践探索也反映出以下不足和问题：一是对对质作为诉讼权利与程序制度的双重价值缺乏深入认识，对对质权重视不够、保障不力，存在限制或削减当事人对质权利现象①。二是有实践无规范。虽有个案庭审实践但未能形成可操作性程序规范。三是配套不够，缺少系统的措施支撑。对对质权行使的条件、情形、主体、程序及救济等问题思考不深不细，虽有个别庭审有所探索但整体上缺乏系统思考，对质权的制度化配套明显不足。四是实践效果欠佳。从已有的试点试验庭审来看，被告人对质权行使情况并不理想，实际效果也难尽如人意②。

被告人对质权受限的情况在鉴定人出庭案件中也有反映，如被告人胡某被控交通肇事一案庭审中被告人试图与鉴定人对质片段：

审：被告有无向鉴定人发问？

被：我遇到巡逻人员说的他是推行的，鉴定人说是骑行。

审：被告人，就鉴定人员的说明你有没有问题需要询问？

被：我觉得鉴定人说是骑行。

审：有没有问题要问，不是让你对鉴定人员的说明发表评论。

被：就是想问一下（鉴定人），鉴定出来是骑行（有什么依据）。

审：鉴定人员已经做出了详细的解释。

被：他说是从后面撞击的话肯定会把人弹开。

审：现在不是让你发表意见，有没有问题需要询问鉴定人的？

被：没有了。

本来是被告人向鉴定人的对质发问，结果变成了审判长与被告人之间的对话，被告人虽然对鉴定意见持有异议，但其对鉴定人的对质却未

---

① 陈光中主编：《证据法学》，法律出版社2015年版，第264页。比如在一件案件庭审中，公诉人在法庭调查阶段质证中称被告"装疯卖傻"，之后审判长问被告人有无异议，被告人异常愤怒：被："你凭什么说我装疯卖傻？！"公："你无权质问公诉人！"审判长当庭并未对公诉人予以适当提醒，只是要求被告人不要提问，直接表明意见即可。据事后访谈，审判长亦认为公诉人回应欠妥，但又顾虑因当场提醒导致庭审场面不好把控，遂采取庭后沟通方式淡化处理。

② 以笔者旁听的一件庭审为例，控方申请一名警方人员出庭就目击和现场挡获犯罪情况作证。经控方询问后，审判长告知被告人可以进行反询问。该被告人直接发问："你说你亲自抓获我，你是在哪天、几时、在哪里把我抓到的？"由于被告人发问时声音较大，气势较足，而侦查人员准备不够，回答稍显犹豫，导致旁听现场观感欠佳，甚至有人认为是"罪犯在审警察"。

能如愿。其中虽有被告人自身理解欠准、表达失当等原因,但也与审判长对被告人对质权的保障不够充分、引导不够精细有关。

又如被告人付某某被控贩卖毒品一案庭审中,控方申请侦查人员出庭,在侦查人员接受控方发问并作陈述之后,审判长讯问被告人对侦查人员的陈述有无意见,以下是被告人与到庭侦查人员之间的对质片段:

被:我不同意警察说的一两分钟的时间差,我认为不止一两分钟,我当时在吃锅盔,就有人在敲门,我来开门的,我还问"请问是谁",后来还招呼"你请进来"。你记不记得到了?

侦:我记不到你在吃锅盔的事,卢某第一个到门口,脚跨在门口的。

被:是嘛,我后来过来开的。

侦:我记得我们很快就进来了,就一两两三分钟时间。

被:不可能,我当时在吃锅盔,你看到没嘛,我后来开门了,记不记得到了?我吃锅盔也不止一两分钟。

审:(敲击法槌)!

在该案庭审中,审判长当时只是讯问被告人对侦查人员陈述有无意见,而并非直接准许被告人向侦查人员发问。因此,当被告人表现出强烈的对质愿望,并直接向侦查人员发问和等待回答之际,审判长以敲击法槌的方式直接阻止了被告人的对质要求,尽管被告人与侦查人员之间的对质实质上已经开始。

四、相关国家庭审对质制度比较

庭审对质的核心在于保障和落实被告人向不利于己的证人发问的权利。了解和借鉴相关国家的庭审对质制度,对建构和完善我国刑事庭审对质规则具有重要的现实意义。

(一)美 国

《美国宪法第六修正案》规定,"所有刑事被告人有与证人对质诘问的权利",该规定"不仅聚焦于促进可预审判结果的程序机制,同样也专注于重申被告人有权作出个人选择的法定程序"[①]。该权利主要针对的

---

① Pamela R. Metzger, "Confrontation Control", *Texas Tech Law Review*, 2012(45), pp.100.

是可能不利于被告人的证人,包括两个方面:一为诘问权,即对证人证言进行诘问;二为对质权,其核心是在法庭审理现场与证人面对面对质的权利[①],又包括有权目视证人,亦有权使证人目视自己。对质权旨在"通过在对抗式诉讼中证人与被告方之间的交叉询问,以确保证人证词的可靠性"[②]。针对对质权之价值,美国联邦最高法院认为:一是对质为人之本能,"对质之所以对于刑事诉讼公正必不可少,乃是因为它是植根于人性深处的基本需求"[③];二是有助于使被告人充分感受到法庭审判之公开与公正性,更易接受审判;三是使其在法庭上与被告人面对面,更易于揭示真实,戳穿说谎者。美国法律中,不仅证人不到庭者,其庭前证言不得作为证据;到庭作证而非经当事人对质诘问者,其当庭证言仍不得作为证据。1970 年,美国联邦最高法院在 Cal.v.Green 一案中判决,审判外之陈述者若于庭审中宣誓并作证,且经被告人当庭诘问,则使用审判外的陈述也并不违反被告的诘问权[④]。换言之,当庭诘问和对质具有治愈或补正证人庭前证言过去未接受诘问之瑕疵的功能[⑤]。

(二)法　国

《法国刑事诉讼法典》规定,证人以向法庭口头作证为原则,但在轻罪法院和违警罪法院,审判长可以例外地允许证人以书面形式作证。庭审阶段,审判长讯问,各方当事人及其律师陈述,审判长、检察官与律

[①] Roger C. Park, "Is Confrontation the Bottom Line?", *Regent University Law Review*, 2006(19), pp.461-262.
[②] Christine Chambers Goodman, "Confrontation's Convolutions", *Loyola University Chicago Law Journal*, 2016(47), pp.819.
[③] David Alan Sklansky, "Confrontation and Fairness", *Texas Tech Law Review*, 2012(45), pp.104.
[④] 王兆鹏:《美国刑事诉讼法(第二版)》,北京大学出版社 2014 年版,第 456 页。
[⑤] 值得注意者,美国联邦最高法院对适用对质标准秉持"真实性理论",但在 2004 年"克劳福德诉华盛顿州案"中,九位大法官一致裁定,只有在证人无法出庭作证,且被告事先有机会就证词与证人对质的情况下,法庭外的证词才可以提交到法庭。参见 John D. King, "Privatizing Criminal Procedure", *The Georgetown Law Journal*, 2019(107), pp.573.自此之后,证人证言能否成为呈堂证供,不再取决于其所谓的"真实性",而在于其能否满足程序上的要求。参见 Kevin C. McMunigal, "Crawford, Confrontation, and Mental States", *Syracuse Law Review*, 2014(64), pp.220-221。另参见何帆:《大法官说了算——美国司法观察笔记》,中国法制出版社 2016 年版,第 296-297 页。

师向证人提问及各方相互提问,都应当以言词方式进行。检察院、被告人、民事当事人在庭审中享有相同的权利,尤其是享有向证人提出问题的权利①。尤其重要的是,根据《法国刑事诉讼法》第 338 条、第 454 条第 3 款之规定,证人口头作证之后,各方当事人有权向其提问,在证人之间、证人与被告人之间或民事当事人之间均可以进行对质②。同时,陪审员、其他法官、检察官、被告人、民事当事人、律师还可以提出建议或请求,由审判长向证人提问。

(三) 日 本

《日本刑事诉讼法》第 304 条规定首先由当事人询问,如有必要再由审判长补充询问;诉讼关系人经许可,可以再次询问证人。诉讼关系人就特定书面材料或物品询问证人时可以出示该书面材料或物品,但不得对证人陈述产生不当影响;经审判长许可,诉讼关系人还可以画图、照片、模型和装置等对证人进行询问。在日本刑事庭审中,询问证人对证实真实会发挥的作用,在很大程度上保存规范当事人的主询问和反询问是否适当而有效地进行。在此意义上,学习询问技术是法律工作者的必修课③。当然,也允许被告人对证人进行主询问和反询问。除了没有辩护人的案件外,实际上大多由辩护人代表被告人进行询问。需要特别指出的是,刑事被告人对不利于己的证人的反询问权受到《日本宪法》第 37 条第 2 款的保障,因此,被告人的质证权不仅是刑事诉讼法上的权利,更是宪法性权利。由此,控方证人回答了控方的主询问而没有回答被告人的反询问时,法院如认为采用对主询问所作的陈述可能不当地侵害被告人的利益时,必须依照职权或根据请求作出规定,从主所中排除该陈

---

① 孙长永、宋英辉、朴宗根等:《外国刑事诉讼法》,北京大学出版社 2011 年版,第 231 页。
② [法]贝尔纳·布洛克:《法国刑事诉讼法(原书第 21 版)》,罗结珍译,中国政法大学出版社 2009 年版,第 492 页。
③ [日]松尾浩也:《日本刑事诉讼法》下册,丁相顺译,中国人民大学出版社 2005 年版,第 54 页。

述。甚至证人在主询问终了后死亡或失踪,或因疾病不能回答反询问时,也应当作出上述决定。

总体上看,英美法系和大陆法系国家均承认并保障被告人对质权,但具体操作模式存在差异,一种是与直接言词原则相结合,作为查明事实的证据方法规定对质制度,常见于欧陆国家[①];另一种是与传闻排除规则相结合,以对质权制度为基础,通过对质权规范来实现对质要求,常见于英美法系国家[②]。构建完善我国庭审对质规则,既要借鉴大陆法系国家的对质方法论理念和技术,也要关注英美法系国家更重视其对被告人权利的保障功能。

五、进一步完善刑事庭审对质权的操作建议

(一)将被告人与证人之间、证人之间以及被害人与证人之间的相互对质作为构建和完善刑事庭审对质制度的核心内容

从广义而言,对质包括被告人与证人的对质、被告人与被害人的对质、证人与证人之间的对质、证人与被害人之间的对质以及共同被告人之间的对质等五种情形,都应当列入构建刑事庭审对质权操作体系的范畴。如在薛某被控敲诈勒索案件庭审中,法庭组织了两次对质:先由一般证人于某陵与被告人就转账手机的控制时间问题进行对质。被告人对私自使用被害人手机向自己转账的事实难以做出合理解释,而这部分事实与银行柜台的监控录像和证人于某陵的当庭陈述相印证,强化了法官对该部分事实的心证形成;后由被害人赵某与被告人就被害人是否是自愿出具收条和给予财物进行对质,进一步证实了被告人以不正当男女朋友关系为由行敲诈勒索之实的动机,有效补强了法庭审理所需的证据信息,

---

[①] 如《欧洲人权公约》第 6-3d 条规定,"任何被告人均有权询问或提请法院询问对其提供有罪证词的证人,并且有权获准按照对其提供有罪证词的证人相同的条件,传唤并询问提供其无罪证词的证人"。参见[法]贝尔纳·布洛克:《法国刑事诉讼法》(原书第 21 版),罗结珍译,中国政法大学出版社 2009 年版,第 490 页。

[②] 龙宗智:《论刑事对质制度及其改革完善》,载《法学》2008 年第 5 期。

法庭依法认定被告人行为构成敲诈勒索罪。从刑事庭审对质权对发现真实、保障人权、公正裁判的作用而言，其中被告人与证人之间的对质、证人之间的对质无疑更具特殊的重要价值，理应成为下一阶段深化以审判为中心的刑事诉讼制度改革特别是刑事庭审实质化改革的重要内容。

特别是被告人与证人对质程序具体操作规则的构建和完善，尤其应当列入重中之重的改革议程和紧迫现实课题。其理由在于：第一，考虑到长期以来刑事司法实践中事实上存在的因"被告人客体化"导致的主体地位虚化、诉权保障弱化的现象，构建和完善被告人对质权，可以更充分地体现对刑事诉讼被告人以及其他参与人诉讼主体地位与诉讼权利的尊重与保障；第二，更好地体现和落实刑事诉讼兼顾和平衡惩治犯罪与人权保障的双重价值追求；第三，进一步提升我国刑事庭审程序规范化、精密化水平。特别需要指出的是，被告人发问是对质的必然要求和表现形式，至于发问需要得到审判长许可固属诉讼指挥权内在之义，但绝非否定被告人对质权，而是旨在确保对质程序有序和顺畅进行的必要举措，二者不能混为一谈①。2018年1月起实施的《法庭调查规程》已对此作出原则规定，但仍需要在反复的庭审实践中不断总结，形成比较成熟的对质规则体系。

（二）构建切实可行的对质权操作模式

构建完善以审判为中心的诉讼制度，大力推进庭审实质化改革，客观上不仅要求强化证人出庭制度的完善和实施，也需要引入证人对质询问制度，应当通过修改刑事诉讼法，增加对质询问制度，对对质主体、对质程序、对质方式和对质禁止事项作出规定。

应当指出，被告人的对质权既属刑事诉讼法理内在之义，也为相关国际公约所采纳，我国《刑事诉讼法》也有具体规定，应当予以充分尊

---

① 杨宇冠、刘曹祯：《以审判为中心的诉讼制度改革与质证制度之完善》，载《法律适用》2016年第1期。

重和维护。而被告人的对质权不仅针对普通证人,也必然包括侦查人员,因此,以可能产生所谓的"罪犯审警察"的不良观感为由而限制甚至排除被告人的对质权,无论于理于法均有不合。长远来看,被告人在庭审中对侦查人员发问不仅不应受到质疑,还应当逐步成为社会各方都认同的常态①。综上所述,比较妥当的操作方式是以保障被告人对质权为宗旨,结合具体案件具体情况,既充分尊重和保障被告人对质权,又融合辩护人的职业技能和专业优势,形成对质程序的"综合模式":(1)在庭前会议阶段,由法官主动征求被告人和辩护人意见,以确定被告人是否自行行使对质权,同时鼓励和引导被告人通过辩护人行使对质权;(2)在庭审调查阶段,对被告人要求自己行使对质权的,一般应当允许,但可以结合庭审调查具体情况对被告人进行适时和适度指导,或者建议辩护人对其进行指导和沟通,以保障庭审对质顺畅进行和庭审功能有效发挥;(3)在庭审调查阶段,如被告人因自身原因确实存在理解和表达困难的,或者其直接对质可能导致庭审严重拖沓的,法官可以直接建议由辩护人进行对质询问,但法庭应当询问被告人对对质情况的意见,以确保被告人的对质权利实质上得到维护。

(三)细化刑事庭审对质程序的具体操作规范。

具体包括:刑事庭审对质规则、被告人与证人对质规则、证人与证人对质规则。这里需要解决几个问题:(1)对质的启动条件。原则上,只有当针对同一争议事实问题存在不同甚至完全相反的陈述,且该争议事实对定罪量刑具有重大影响时,才有必要启动对质。(2)对质的启动

---

① 值得注意的是,在最高人民法院《人民法院办理刑事案件排除非法证据规程》起草过程中,针对刑事庭审调查中侦查人员出庭作证的,被告人是否有权向侦查人员发问这一问题,存在两种不同意见,规程最终未对此问题予以明确。主持起草该规程的最高人民法院原刑三庭庭长戴长林认为,被告人不宜直接向侦查人员发问,如果其提出疑问,审判长可要求侦查人员作出说明。参见戴长林:《非法证据排除制度的新发展及重点问题研究》,载《法律适用》2018年第1期。笔者认为,被告人不宜直接向侦查人员发问的观点有悖于刑事诉讼法的立法宗旨及程序法理,与刑事诉讼更加重视权利保障的价值取向也不相符。

主体。笔者认为，原则上，应当赋予被告人、申请证人出庭方有申请对质权，并且以申请对质为主要情形。确有必要时，法庭可以依职权启动对质程序。(3)对质的启动期间。可以考虑将申请对质要求纳入庭前会议，征求控辩双方意见并记入庭前会议笔录，达成一致的可按双方共识安排，无法达成一致的由法庭决定。不过，庭前会议阶段还难以对庭审调查中可能发生的情形准确预判，庭审中控辩双方结合法庭调查实际提出对质申请且理由正当的，笔者认为亦应准许。(4)对质的内容。应当直接针对同一争议事实，由此前存在不同甚至相反陈述的双方当面和直接进行对质。(5)对质的记录。如果在是一次完整的庭审程序中进行的，可能直接列入庭审笔录；如果是单独安排的对质程序，可制作专门的对质笔录。

（四）对证人作证予以适度指导

当前的刑事庭审实质化改革实践中，证人素质和证人能力问题带给庭审的影响已经显现。实证研究发现，有的出庭作证人常常难以充分理解、回应专业法律人以"法言法语"提出的问题，不能准确给出有法律意义的回答与证词，从而使得口头化的证据调查进行得不顺利，进而还影响到证据调查具体化的实际价值与效率[①]。有人认为，这本来就是证人出庭作证的原态，对证人进行培训指导既可能拔苗助长，扭曲庭审程序，还可能产生"寻租"风险，影响司法公正[②]；也有的认为，证人素质能力差必然会影响刑事庭审实质化改革的实际效果，有必要加强对证人作证的法律知识普及和作证要求培训。

证人出庭作证能力是庭审整体水平的重要组成部分，在不妨碍庭审

---

① 左卫民：《地方法院庭审实质化改革实证研究》，载《中国社会科学》2018年第6期。
② 德国有学者认为，"每方律师在审判开始之前，必须会见'他的'证人，搞清他们在法庭上会怎样讲和怎样做，鉴于此种作法有施加不当影响之虞，德国的律师认为这样做近于违反职业道德"。参见[德]K.茨威格特、H.克茨：《比较法总论》，高鸿钧、贺卫方等译，贵州人民出版社1992年版，第479页。

公开公平公正的前提下,对出庭证人进行必要指导不仅应当,而且可行①。对证人进行必要和适度的培训指导,绝不意味着具有较低知识水平的人就不能作证,也不意味着他们的陈述不具备证据能力或证明力,同样不应当认为文化水平低者的陈述比文化水平高者的陈述更不可靠。实际上,有研究表明,"相反的情况是,如果一个人越是不能独立地杜撰和描述故事,他的陈述反而越是可信的。如果仅对陈述内容进行肤浅的分析,那么陈述人不同的智力水平和语言能力就有可能导致错误的结论"②。正如贝卡里亚所指出的,衡量证人可信程度的真正尺度,仅仅在于说真话或不说真话同他的利害关系③,而不是他的受教育程度或表达能力。回到问题的原点,能不能作证,其当庭证言的可信度,本质上并不完全取决于证人的智力水平和受教育程度,关键是他们针对案件特定事实有没有真实的经历;至于表达能力,主要涉及的是充分程度的技术性问题。值得注意的是,如前所述,证人的知识水平和受教育程度并不构成作证的障碍,但证人的精神状态对其能否作证和如何判断其证言的证明力具有重要影响,法庭应当要求控辩双方采取必要措施,确保证人处于可作证的良好精神状态。同时,这种培训属于申请出证方的附随义务的一部分,谁申请证人出庭谁负责指导培训。以指导培训为名指使证人违背法律规定的作证义务故意作伪证或者妨害作证的,法庭应当依法予以制裁。

---

① 英美法系律师往往要进行模拟法庭演练,既站在申请方立场对证人模拟主询问,也站在对方立场模拟反询问。在1969年的一起强奸案件中,美国法院判定,检察官在审判前教刚满9岁的未成年被害人如何作证的做法并无不当。美国一个州的律师协会认为,律师在审判前就证人如何作证进行准备不违反职业纪律,而没有精心准备证人证言才是违反职业纪律的行为。参见易延友:《证据法的体系与精神——以英美法为特别参照》,北京大学出版社2010年版,第173页。在很大程度上,律师与证人之间就如何作证进行的沟通和准备,也是律师对证人进行指导和培训的过程,其目的在于使证人成为一个"审判舞台上可信的表演者",不仅如此,律师还可能向证人建议关于审判时适当的着装和举止;实际上,"律师与证人之间不充分的庭审准备意味着证人席上的尴尬的惊讶"。参见[美]爱伦·斯黛丽、南希·弗兰克:《美国刑事法院诉讼程序》,陈卫东、徐美君译,中国人民大学出版社2002年版,第449-450页。我们可以借鉴这一做法,由控辩双方对本方申请作证证人进行必要的指导,以更好地实现作证效果,有利于法庭查明案件事实。
② [德]阿克赛尔·文德勒等:《审判中询问的技巧与策略》,丁强、高莉译,中国政法大学出版社2012年版,第108-109页。
③ [意]贝卡里亚:《论犯罪与刑罚》,黄风译,北京大学出版社2014年版,第30页。

（五）对被告人对质权设置必要限制

对质权固为被告人重要诉讼权利，但基于公平保障各方诉讼权利并确保刑事庭审顺畅推进之需，可在借鉴相关国家制度实践基础上，对刑事被告人庭审对质权予以必要限制①。如在一些特定犯罪类型案件中，

---

① 就限制对质权的操作模式，英、美大体上采具体限制模式。"美国有些州为保护少年证人或性犯罪的被害人，以立法规定此类证人得于法庭外作证，透过电视传讯，将证人的陈述现场转播至法庭，裁判者及被告人则在法庭透过电视直接听取观看证人作证，并透过电视对证人询问或诘问"。参见王兆鹏：《美国刑事诉讼法（第二版）》，北京大学出版社2014年版，第448-449页。1988年，美国联邦最高法院在 Coy v. Iowa 案判决中认定，上述保护证人的方式虽不违反被告人的诘问权，但可能违反被告人的对质权，唯须特别注意者，联邦最高法院并未认为不能对被告人要求证人目视自己的权利施以限制，但认为相关州法律未依个案情形妥当权衡，而不加区别地采取概括规定方式限制乃至剥夺被告人的对质权利，故属违宪；1990年，美国联邦最高法院在 Maryland v. Craig 案中认定，因个案特殊情形而限制被告人与证人面对面对质的权利，并不违宪（参见同上）。1999年英国《年轻人司法和刑事证据法》规定，在涉及强奸及其他性犯罪、暴力、绑架、非法监禁或诱拐等刑事案件中，可以对被告人与被害人或证人对质的权利进行限制。参见[英]约翰·斯普莱克：《英国刑事诉讼程序（第九版）》，徐美君、杨立涛译，中国人民大学出版社2006年版，第422-423页。总体上看，美、英等国虽然认同对被告人对质权进行适度限制，但限于少数特定犯罪类型案件，且需结合个案情况，不得予以概括限制。

大陆法相关国家采概括限制模式，如法国《刑事诉讼法》第338条规定，审判长可以应检察院以及民事当事人、被告人之请求，或者依职权，在任何情况下均可命令证人作证后暂时退庭，并且可以进行或者不进行对质。参见孙谦主编：《刑事审判制度：外国刑事诉讼法有关规定（下）》，中国检察出版社2017年版，第851页。德国《刑事诉讼法》第247条规定，讯（询）问共同被告人或证人时，如果因为被告人在场而有不会据实陈述之虞的，法院可以命令被告人在讯（询）问期间退庭；询问未满18岁证人时，如因被告人在场对证人身心有带来严重不利影响之虞，或者询问其他证人时因被告人在场对证人的健康存在严重不利的急迫危险的，亦可命令被告人退庭；待重新出庭后，审判长应当告知退庭期间证人陈述内容和其他审理情况；第247a条还规定，如果证人、鉴定人在庭审中接受询问，将对其健康产生严重不利的急迫危险，则法院可以命令证人、鉴定人于其他地点接受询问，并就其陈述应同步向法庭传送音像（参见前书第690-691页）。日本《刑事诉讼法》第295条第2款规定，审判长在询问证人、鉴定人、口译人或者笔译人的场合，认为可能发生加害上述人员及其亲属的身体或财产的行为时，或者有可能发生使上述人感到恐惧或难以应付的行为时，可以限制被告人或辩护人的询问，但此种限制有可能对被告人的防御产生实质性不利时，不在此限；第316条之39还规定，如果被害人于被告人面前在场、询问、质问或陈述时可能受到压迫而显著损害其精神平稳，认为适当时，听取检察官及被告人或辩护人的意见，以辩护人在场为限，可以在被告人与该被害人之间，采取使被告人不能知悉被害人的状态的措施。参见孙谦主编：《刑事审判制度：外国刑事诉讼法有关规定（上）》，中国检察出版社2017年版，第128-129页，143-144页。总体上看，大陆法国家对限制被告人对质权规定了具体措施，但并未限定于特定的犯罪类型案件，而是赋予法官结合具体案件情况合理确定是否及如何限制，此种做法值得借鉴。

基于防止和减轻被害人或证人因与被告人面对面对质而可能难以正常作证、或者复生精神痛苦之需，可以限制被告人与被害人或证人当庭面对面对质：被告人被控犯强奸罪或其他性犯罪的；被告人被控犯严重暴力犯罪的；被害人或证人系未成年人的；其他确需禁止被告人对质且不影响刑事诉讼公平、公正和公开进行的个案情形。在上述限制被告人对质权情形下，为保障公平诉讼之需，可以考虑由其辩护人与相关被害人或证人对质；没有辩护人的，可以由法官对被害人或证人进行询问；被害人或证人到庭作证的，可以设置物理遮蔽措施，使被告人无法看见被害人或证人；也可以安排证人于视频作证室，通过视频作证方式，接受控辩双方发问。在操作路径上，可以先通过最高人民法院司法解释予以规定，待实践经验比较成熟时及时修订《刑事诉讼法》，对上述问题予以进一步明确。

专题三　刑事再审程序的再思考

刑事再审案件绝对量极小，加之程序参照一审或二审程序进行，在近几年来以审判为中心的刑事诉讼制度改革进程中，似乎没有受到太多的关注和重视。实际上，刑事再审程序的理念、制度设计与实践操作，均非旨在以量取胜，而是重在以质论效。数量少、比例低，既不说明这一制度无足轻重，也不能由此概偏为实效欠佳，关键要素仍在于刑事案件再审本身的实质化程度。以当前审判中心主义取向的诉讼制度改革推进情况来看，对刑事再审程序改革的重视、反思和推进仍有待加强。

一、对刑事再审程序改革现状简评

（一）刑事再审程序改革存在反差

一方面，近几年来刑事再审程序在纠正一系列引起广泛关注的重特大冤假错案中发挥了重要作用，但刑事再审程序的改革总体上似乎处于明显的滞后状态。《刑事诉讼法》对再审程序除原则参照一二审程序进行外并无更具体规定，最高法《刑诉法解释》情形类似，实际上最高法2001年颁布的《关于刑事再审案件开庭审理程序的具体规定（试行）》几乎是迄今为止唯一系统化的再审程序规定，但这是在本轮审判中心主义诉讼制度改革之前，其滞后性难以避免。

（二）再审程序的特殊性与审判中心主义改革要求之间衔接不够

再审程序特别是法庭调查的重点、方法、流程以及控庭技术的体系化不够。最高法今年起试行的"三项规程"集中体现了审判中心主义诉讼制度改革的最新成果和具体要求，但在如何结合再审程序特点予以细化落地方面，《人民法院办理庭前会议规程（试行）》只在第26条规定二审案件参照适用，对再审案件庭前会议没有涉及；《人民法院办理刑事案件排除非法证据规程（试行）》第35条规定了再审案件参照适用，如何参照缺乏细化要求，2017年6月最高法、最高检、公安部等五部门《关于办理刑事案件严格排除非法证据若干问题的规定》第41条同样如此；《人民法院办理刑事案件第一审普通程序法庭调查规程（试行）》对再审案件的法庭调查亦无规定。

（三）改革实践中的新探索、新经验还不多

改革存在碎片化、形式化现象。比如在聂树斌案中，最高法指令山东高院组织了申诉复查阶段听证，取得良好效果，赢得各方积极评价，不仅为再审阶段工作奠定了坚实基础，还体现出对再审审查阶段流程进行诉讼化改造的价值取向。正如学者所指出的，再审审查阶段组织听证旨在确保各方主体获得公开、公平且充分发表意见的机会，使合议庭能够全面听取不同意见，防止偏听偏信，最大限度地保障其作出公正合理的复查决定[①]。就此而言，聂案的积极尝试对改革我国再审审查制度有着重要的示范意义。但客观而言，目前在这方面进行的理论研究、实践探索和经验积累仍然有待深化。

---

① 陈卫东：《刑事再审程序的回归与冤假错案的纠正》，载于《法制日报》2016年4月20日。

(四)再审裁判文书制作在把握程序难点、强化关键证据分析和突出理由论证针对性上仍需深化

再审裁判文书与一审二审文书自有其差异,同时结合审判中心主义诉讼制度改革对裁判文书制作的要求,亦应有所回应。但如何体现再审程序的特殊性,将依法纠错与维护裁判既判力有机结合,似乎缺少更注重可操作性的具体规则,优秀再审裁判文书还不多见。总体上看,再审裁判文书改革空间潜力尚大。

二、庭审实质化改革背景下对刑事再审程序的重新审视

(一)深刻认识刑事再审程序的特殊价值

《中共中央关于全面推进依法治国若干重大问题的决定》明确提出,"完善审级制度,一审重在解决事实认定和法律适用,二审重在解决事实法律争议、实现二审终审,再审重在解决依法纠错、维护裁判权威。"据此,刑事再审程序相较一审、二审程序而言,具有特殊的价值追求:(1)推动沉冤昭雪、彰显有错必纠、维系民众认同的特殊象征。近些年来,内蒙古呼格吉勒图案、湖北佘祥林案、河北聂树斌案、浙江张高平叔侄案、河南赵作海案、福建念斌案、云南杜培武案等一批全国关注的重大冤案相继通过再审得到纠正,充分体现了社会公众对刑事司法公正的强烈关注和沉重期待。(2)平衡法的形式安定性与实质妥当性、兼顾尊重司法既判力与促进人权保障的程序装置。再审程序因其特殊的功能定位,始终面临着依法纠错与法治安定之间复杂的二重关系,这使得再审程序的设计与操作需要考量更多因素。(3)落实以审判为中心刑事诉讼制度改革要求、推动刑事司法制度完善的重要领域。相较进展较快的刑事一审普通程序、简易和速裁程序改革,再审程序改革理应成为推进以审判为中心的刑事诉讼制度改革新的着力点和主攻短板。(4)折射源头问题、呼唤理性反思、倒逼前端改革、推动复生案源治理的杠杆工具。再审案件是典型的复生案源,其根本原因大多与前端环节未能依法规范行权直

接相关，也与一审、二审未能充分发挥实质化功能相关。因此，刑事再审案件应当成为我们检视前端环节、推动复生案源治理的重要窗口。

（二）合理借鉴域外规范再审程序的有效经验

在传统上，英美法国家没有与大陆法国家刑事再审程序相对应的类似程序，主要原因在于英美法更强调基于对抗制诉讼结构的陪审团审判模式的公信力，陪审团一旦作出裁决一般不应改变。而大陆法国家基于成文法传统、职业法官审判模式以及具有上级法院的科层式监督方式，加之长期以来对法官根深蒂固的怀疑情绪，上诉、再审程序在理论和制度实践上均有共识。从形式上看，双方都遵循"一事不再理"的理念要求，但相较而言，英美法国家更多的是从防止被告人受到双重追诉这一人权保障的角度，强调的是这一理念中的人权属性，旨在倡导刑事诉讼的人权保障价值；而大陆法国家则更注重基于维护判既判力、促进法的安定性的立场，理解并适用"一事不再理"原则[①]。值得注意的是，近些年来，大陆法国家也在借鉴英美法理念，突破传统的既判力理论，将人权保障更多地引入再审程序；另一方面，英国、美国也在借鉴大陆法国家再审程序，探索构建一定条件下的重新审理程序，以更加有效地回应社会关注，更加充分地体现司法公正。这一互鉴趋势值得我们重视和学习。总的要求是，既要坚持实事求是、依法纠错，也要充分尊重判决的既判力，维护司法权威性，防止因随意再审带来的"翻烧饼"现象。

三、关于刑事再审程序改革的思考和建议

（一）结合是否基于被告人利益合理区分两种再审类型

在此基础上对不利于被告人利益的再审程序作出相对更严格的限制和强化对不利于被告人利益的再审程序中对被告人诉讼权利的保障。大陆法国家处理刑事再审程序的两种模式：法国模式只准许为被告人利益提起再审，且不得加重被告人刑罚；德国模式同时准许基于被告利益或

---

① 陈瑞华：《比较刑事诉讼法》，中国人民大学出版社2010年版，第492页。

不利益提起的再审，但在为被告人利益再审场合，不得加重其刑罚。我国刑事诉讼法虽无此种划分，但实际上有所借鉴，最高法《刑诉法解释》第 386 条和《关于刑事再审案件开庭审理程序的具体规定（试行）》第 12 条均体现出此意，在此基础上借鉴和完善我国刑事再审程序制度是可能和必要的。基于此，建议规定，在为被告人利益提起的再审场合，一是原则上不得加重针对被告人的刑事强制措施；二是再审判决一般不得处比原判更重的刑罚。

（二）重点针对庭前会议、非法证据排除和法庭调查完善再审庭审规则

细化再审庭审程序的重点在于：（1）借鉴聂树斌案件再审做法经验，构建完善重大影响性案件申诉复查阶段听证程序，为可能进入再审案件奠定坚实基础；非重大影响性的一般案件，必要时可以组织听证。（2）重视庭前会议作用，考虑到再审案件处于审判程序后端，且控辩双方往往争议较大，原则上应当召开庭前会议，其重点是整理固定双方主要的事实、证据和法律适用争点，特别是影响定罪量刑和被告人再审申请所提出的主要事实和证据争点。（3）强化排除非法证据程序的衔接，从近些年一些重大冤假错案再审情况看，出错原因往往与未能预防和及时排除非法证据直接或间接相关。应将非法证据排除程序作为构建刑事再审案件庭审程序的一大重点，依法保障被告人和辩护方的诉讼权利。（4）适当打破法庭调查与法庭辩论的形式分离，结合再审程序后端特性，在重点查清事实与证据争点基础上，结合个案情况组织双方进行综合性辩论。（5）强化证据的分析判断，考虑到再审案件往往因时空转换可能导致客观上的举证困难，在保障控辩双方穷尽关键证据举证同时，应当把主要工作放在证据的归入分析和审判判断上，对证人是否出庭也应视情而定，但对再审案件具有重大影响的关键证人应当尽量出庭。（6）对再审裁判文书制作进行改革，突出再审争点，强化证据分析和综合说理论证，增强再审裁判文书的说服力。在这方面，聂树斌案再审判决积累的宝贵经验值得认真学习和总结推广。

（三）对原判停止执行和变更强制措施进一步予以明确

《刑事诉讼法》第 252 条规定申诉期间不停止原判和裁定执行，第 257 条规定进入再审的，可以决定中止原判或裁定执行。2001 年最高人民法院《关于刑事再审案件开庭审理程序的具体规定（试行）》第 11 条规定，"原审被告人（原审上诉人）在押，再审可能改判宣告无罪的，人民法院裁定中止执行原裁决后，可以取保候审；原审被告人（原审上诉人）不在押，确有必要采取强制措施并符合法律规定采取强制措施条件的，人民法院裁定中止执行原裁决后，依法采取强制措施。"2020 年最高法《刑诉法解释》第 464 条规定，"再审期间不停止原判决、裁定的执行，但被告人可能经再审改判无罪，或者可能经再审减轻原判刑罚而致刑期届满的，可以决定中止原判决、裁定的执行，必要时，可以对被告人采取取保候审、监视居住措施。"建议在充分吸纳司法解释精神的基础上，对刑事诉讼法相关规定进行修改完善，进一步明确和细化：（1）基于被告人利益的再审，且被告人可能改判无罪的，人民法院应当决定中止原判决、裁定的执行，依法变更强制措施为取保候审；（2）被告人可能被改判为轻罪或较轻刑罚的，可以决定中止原判决、裁定的执行，必要时可以对被告人采取取保候审、监视居住措施；（3）前述事项，被告人或辩护律师可以提出申请，人民法院亦可依职权作出决定。

（四）完善再审程序的中止、恢复程序

针对《刑事诉讼法》第 206 条、《刑诉法解释》第 314 条以及最高人民法院《关于刑事再审案件开庭审理程序的具体规定（试行）》第 12 条等存在的不足进行修改完善。主要涉及三个问题：一是中止的条件和情形；二是中止与恢复的文书形式；三是中止条件成就与消失的认定主体和程序。目前的司法解释还存在模糊和不周延之处，比如《关于刑事再审案件开庭审理程序的具体规定（试行）》第 12 条规定，"原审被告人（原审上诉人）收到再审决定书或者抗诉书后下落不明或者收到抗诉书后未到庭的，人民法院应当中止审理；原审被告人（原审上诉人）到案后，恢复审理；如果超过二年仍查无下落的，应当裁定终止审理。"此条对因

原审被告人下落不明而无法送达的情况没有涉及，对恢复审理是否适用裁定未作规定，此外对下落不明状态通过什么程序审查认定也未明确，这些都有待修改完善，以便于司法实践准确把握和操作。

（五）严格限制法院自行启动再审程序权

适时修改《刑事诉讼法》第 254 条，删除第一款本院自行启动再审的规定，保留第二款上级法院提审或指令再审以及第三款抗诉再审的规定，但对提审或指令再审条件予以严格限定。现行规定的再审包含当事人申请再审、原审法院自行再审、上级法院提审或指令再审以及抗诉再审等四种类型。其中，法院自行发动再审一直存在较大争议，论者认为既不利于维护判决既判力和权威性，更主要的是在可能加重被告人刑事责任和刑事处罚的情形下，法院自行启动再审实际上使法院介入了控诉犯罪职能，导致公诉与审判角色的混同与模糊，有违程序公正；在可能有利于被告人诉讼利益场合，基于刑法谦抑与刑罚人道，实务上自可圆融，但其实这又可能使审判介入了辩护职能，同样可能引发争议。

四、完善刑事再审案件的法律适用

由于刑事案件再审带来的时空转换，刑事再审案件的法律适用成为比初审案件更为突出的问题，特别是在新旧法适用结果悬殊场合。再审案件启动距原判生效时间越久，此种差距越大。这也从另一个角度提醒我们，启动再审确实应当慎之又慎。《中华人民共和国刑法》（下文简称《刑法》）第 12 条明确了我国刑法的时间效力的基本原则，即"从旧兼从轻"，即原则上从旧，但新法处理对被告人更为有利的，适用新法规定。但新法实施前已经生效的判决，继续有效。此条规定虽然潜含了再审案件应当适用旧法的取向，但并未直接回答刑事再审案件适用何时法律的问题。有的认为，再审案件也应当遵循"从旧兼从轻"原则，新法处理更轻的，按新法处理；也有的认为，再审案件只能适用旧法，否则所有案件都存在重审可能，司法裁判将处于不确定状态，不符合法的安定性理念和罪刑法定原则。查最高人民法院司法解释，涉及刑法时间效力者不少，主要者有五个。其中 1997 年 12 月发布的最高人民法院《关于适用刑法时间效力规定若干问题的解释》第 10 条明确规定，刑事再审案件适用行为时法律。同时，2001 年"两高"《关于适用刑事司法解释时间效力问题的规定》第 4 条规定，对于司法解释施行前已办结的案件，按照当时的法律和司法解释，认定事实和适用法律没有错误的，不再变动。这里似乎隐含了如下含义，即认定事实和适用法律存在重大错误，可能构成变动原判的理由。除此之外，其他司法解释没有直接涉及此问题。其实，问题的关键在于如何理解和解释《刑法》第 12 条，特别是"从旧兼从轻"原则的具体适用。直接适用第 12 条"从旧兼从轻"的应是初审案件，再审案件的审理对象实为原审判决，自应有所区别，但整体上仍在"从旧兼从轻"原则涵摄范围之内。如学者所言，"对一种行为刑法是否溯及适用，只限于未经审理或虽经审理但尚未作出生效判决的场合；已经生效的判决，不应根据新法规定加以改变，以维护生效判决的严肃性和稳定性"，"即使按新法规定，其行为不构成犯罪或处刑较旧法要轻，也不例外"①。原则从旧，例外从轻，"正体现了定罪判刑以行为时有法律的明文规定为限的思想"②，本质上是罪刑法定原则的逻辑使然，同时兼顾了刑法谦抑和刑罚人道的现实需要。

五、对"再审不加刑"原则予以明确规定

我国《刑事诉讼法》对"上诉不加刑"有原则规定，对再审是否可以加重则没有涉及，实践中的作法也不统一，不利于维护司法裁判的既判力和权威性。

查大陆法系国家和地区，对"再审不加刑"既有理论共识，也有制度性规定，如德国刑事诉讼法 362 条、373 条、法国刑事诉讼法 622 条、意大利刑事诉讼法 629 条、俄罗斯刑事诉讼法 412-9 条、日本刑事诉讼法 452 条、韩国刑事诉讼法 439 条以及我国澳门地区刑事诉讼法等均有类似规定，大多表述为：再审，不得宣告重于原判决之刑罚。

---

① 黄太云：《刑法修正案解读全编》，人民法院出版社 2015 年版，第 288 页。
② 张明楷：《刑法学》，法律出版社 2016 年版，第 81 页。

一般认为，英美法系国家虽无严格意义上的再审制度（台湾地区王兆鹏教授认为美国刑诉有再审程序[①]），但有某种旨在纠错的重新审理程序，比如美国的申请"人身保护令"救济和英国的向"刑事案件审查委员会"请求重审等[②]。英国"刑事案件审查委员会"系根据1995年《刑事上诉法》规定设立，负责接受申请并在符合该法第13条、14条规定条件下对案件进行重新审查，同时对上诉法院予以协助，其性质似乎是更接近于一种特殊上诉程序而非大陆法意义上的再审程序，但其纠错功能则与大陆法再审程序类似。同时，根据1980年《治安法院法》，治安法院亦可以通过重新审理程序对已经作出的判决予以纠错。基于人权保障和免受"双重风险"之需，法院可以对上诉方式作出决定，但任何决定均不得增加上诉人的刑罚[③]。

我国刑事诉讼法没有就此作出规定，最高人民法院《刑诉法解释》第469条规定，"除人民检察院抗诉的以外，再审一般不得加重原审被告人的刑罚。再审决定书或者抗诉书只针对部分原审被告人的，不得加重其他同案原审被告人的刑罚"，此条前后文分别使用了"一般不得加重"和"不得加重"，表明在因其他事由提起再审的场合，一般不得加重；在抗诉再审场合，可以加重。《关于刑事再审案件开庭审理程序的具体规定（试行）》第8条亦有类似规定，但均不够具体明确，特别是没有就与"一般"相对应的可以加重的特殊情形作出明确界定，加之我国刑事诉讼法没有区分为被告人利益的再审和可能不利于被告人的再审，导致司法实践中难以把握和操作。2011年，李某某被控强奸和故意杀人案经云南高院二审改判为死缓后，引发舆论大哗，此案附带民事诉讼原告人提出申诉、云南高检也提出检察建议，后云南高院决定进入再审，并判决李某某死刑并立即执行。再审判决得到了社会舆论普遍认同，但也在理论和实务界引发一定争议，主要争议在于云南高院再审加刑是否妥当[④]。司

---

① 王兆鹏：《美国刑事诉讼法》，北京大学出版社2005年版，第719页。
② 陈瑞华：《比较刑事诉讼法》，中国人民大学出版社2010年版，第491页。
③ [英]约翰·斯普莱克：《英国刑事诉讼程序》，徐美君、杨立涛译，中国人民大学出版社2006年版，第612页。
④ 2003年刘某被辽宁高院二审判处死缓，同年最高人民法院提审此案，再审改判为死刑，进入再审事由与上文李某某案有所不同。

法实践中对此问题也作了积极探索，如北京高院《关于办理刑事申诉、再审案件若干问题的解答》第13条，将可以加重的情形划分为以下三种：因抗诉进入再审的；有新证据证明增加了与原审定罪题型事实有关联的其他事实的；原审由于适用法律错误导致罪与非罪、此罪与彼罪、一罪与数罪发生混淆的。此外，部分法院已有再审加重案件判决，值得关注和研究总结。

建议刑事诉讼法和司法解释对此问题进一步作出细化规定，其要点包括：一是立法和司法解释应当明确确立"再审不加刑"原则或称"禁止刑事不利益变更"原则，同时对可以加重的例外情形予以严格限定，以此作为必要补充；二是以是否有利于被告人为标准区分两种再审，明确在抗诉再审、刑事自诉人、刑事附带民事诉讼原告人申请再审以及刑事被害人申诉等场合，可以加重被告人刑罚，但应有严格限制条件；三是明确在被告人申请再审场合，任何情形下均不得加重被告人刑罚；四是除少数例外情形法院一般不得依职权决定再审，有限度保留上级法院提审或指令再审，且在提审或指令再审场合亦不得加重被告人刑罚[①]。

专题四　现代科技对庭审程序和司法技术的挑战及应对

我们生活在一个似乎无所不能而又难以预测的变革时代。电子数据、人工智能、大数据等现代科技发展对包括刑事诉讼在内的司法活动产生持续深刻的影响，其中在线诉讼、电子诉讼尤其引人注目，加之2020年初新冠肺炎疫情突然爆发，客观上倒逼了在线诉讼的加速推进。以信息化、人工智能为核心的现代科技对司法活动的影响如此巨大，以至有人问道，法院到底是一项服务还是一个地方？[②]同时，相关研究对现代科技特别是人工智能给庭审程序、司法技术带来的深刻影响和挑战则似

---

① 龙宗智：《刑事庭审制度研究》，中国政法大学出版社2001年版，第443页。
② [英]理查德·萨斯坎德：《法律人的明天会怎样？——法律职业的未来》，何广越译，北京大学出版社2015年版，第11页。

乎关注不够①，仍需学术界、实务界、技术界各方的深入思考和共同应对，"现代法律体系能否成功应对人工智能所带来的新的风险和不确定性……这是今天的法律人所必须面对的紧迫问题"②。

一、新场景

近些年来，全国各地法院积极探索各种在线诉讼司法新模式新实践③，以下几个方面尤为值得关注：

（一）电子诉讼

近几年来，电子诉讼从概念到探索、创新到推广，呈现出加速趋势。2017年8月至2018年9月，杭州、北京、广州互联网法院相继设立。2018年4月，最高人民法院网络安全与信息化领导小组会议提出打造标准化全国移动电子诉讼平台。2018年9月，最高人民法院印发《关于互联网审理案件的若干问题的规定》，明确多项在线诉讼规则。2019年3月，最高人民法院召开移动微法院试点推进会，提出积极探索现代科技与司法工作深度融合的路径。2019年12月，最高人民法院发布《中国法院的互联网司法》白皮书，提出制定"电子诉讼法"。2020年1月，最高人民法院《民事诉讼程序繁简分流改革试点方案》将大力推进电子诉讼、健全电子诉讼规则作为五大重点之一。2020年5月，周强院长在

---

① 目前，法律人工智能研究主要集中在以下几个方面：人工智能对既有法学理论带来的问题与挑战；人工智能运用中的信息公开和透明化；智慧法院建设等。参见左卫民：《关于法律人工智能在中国运用前景的若干思考》，载《清华法学》2018年第2期。相较之下，对程序与权利挑战的关注研究较少。
② 郑戈：《人工智能与法律的未来》，载《探索与争鸣》2017年第10期。
③ 国外较早对在线诉讼开始探索实践，如早在20世纪70年代，美国联邦民事诉讼规则采纳了电子发现程序；1993年，美国威廉与玛丽法学院启动了利用信息网络技术来建构虚拟法院的研究项目；2000年，密歇根州大约70%的法院和律师事务所能够在电子或虚拟环境中处理事务；2001年美国密歇根州议会通过《电子法院法》，次年正式成立并运作密歇根电子法院，目前美国联邦法院和各州法院的民事诉讼中都使用电子诉讼；奥地利1990年建立了能够安全传输数据的电子诉讼系统，并自2000年起向所有当事人开放。此外，英国、德国、韩国、印度等国家均有关于在线诉讼的实践。转引自左卫民：《中国在线诉讼：实证研究与发展展望》，载《比较法研究》2020年第4期。

全国人大会议上报告指出,要推广"网上案件网上审理",推动电子诉讼服务向移动端发展。与此同时,最高人民法院指导推动全国法院部署网上立案、网上缴费、网上证据交换、网上开庭、电子送达等五个标准模块,吉林等地法院已建成投用①。2020 年以来,受新冠肺炎疫情爆发影响,在线电子诉讼需求呈现快增趋势②。

(二)庭审语音识别、电脑辅助速记、文件展示技术

国外有关研究和经验表明上述技术的运用能将庭审时间缩短 1/4 到 1/3,③国内也有地方正在进行探索实践并取得积极成效,如江苏苏州中院使用庭审语音识别转化系统支持开庭 2.7 万余次,语音识别正确率已达到 90%以上,庭审时间平均缩短 20%至 30%,④其在刑事庭审中的前景备受期待。

(三)电子证据与证据的电子化

至少在一些案件中,某些传统证据类型出现电子数据化趋势,⑤确立电子数据的审查判断规则,并最终形成一套完整的适用于互联网领域的证据规则,已经成为诉讼制度必须着力解决的迫切课题。同时,证据形式与证据举证质证方式的电子化应用日益受到重视,给证据的收集、固定、质证和评判过程,特别是法庭调查中举证、质证、认证的理念、程序和方法带来新的巨大挑战,尤其值得特别关注。

---

① 中华人民共和国最高人民法院编:《中国法院的司法改革(2013—2018)》,人民法院出版社 2019 年版,第 60 页。
② 以某市为例,自 2020 年初疫情发生以来,该市两级法院网上立案通过数 130 787 件,提供网上缴费通道案件数 71 558 件,诉服平台电子送达 595 914 件,网络查控执行案件数 142 795 件,开庭 109 038 件(次),其中网上开庭 7989 件,占比 7.33%,表明在线庭审的潜力和前景仍有待挖掘。
③ [英]理查德·萨斯坎德:《法律人的明天会怎样?——法律职业的未来》,何广越译,北京大学出版社 2015 年版,第 114-115 页。
④ 中华人民共和国最高人民法院编:《中国法院的司法改革(2013—2018)》,人民法院出版社 2019 年版,第 61 页。
⑤ 有人预测未来办理刑事案件可能更多依赖电子数据的收集和运用,甚至认为电子数据正在成为互联网时代办案的"证据之王"。参见常锋:《改革背景下刑事诉讼制度的发展——中国刑事诉讼法学研究会 2017 年年会观点综述》,载《人民检察》2017 年第 23 期。

（四）电子卷宗生成和传输技术

与此相关的无纸化法院、无纸化诉讼正在成为新的关注热点，部分法院已经全部或部分完成技术和管理准备工作，进入全面应用状态。2016 年 7 月，最高人民法院印发《关于全面推进人民法院电子卷宗随案同步生成和深度应用的指导意见》。2018 年 1 月，最高人民法院印发《关于进一步加快推进电子卷宗同步生成和深度运用工作的通知》，提出要加大工作力度，并同步印发了电子卷宗同步生成和深度应用的《技术要求》《管理要求》。

（五）人工智能辅助办案技术

如上海"刑事案件智能辅助办案系统"、贵州证据指引系统以及检警 APP 模式等等。主要通过创造性地运用大数据、云计算、人工智能等现代科技手段，制定统一适用的证据标准、证据规则并嵌入公安、检察、法院、司法行政各机关的刑事办案系统中，帮助公安、检察、法院办案人员依法、全面、规范收集和审查证据，确保侦查、审查起诉的案件事实证据经得起法律检验，确保刑事办案过程全程可视、全程留痕、全程监督，以减少司法任意性，有效防范冤假错案产生。国外亦有不少探索，如美国一些州法院引入"风险评估工具"智能量刑系统，引发争议甚至诉讼①；虽然如此，但"法律人工智能对实际量刑决策的影响正在扩大"②。

（六）在线纠纷解决平台和网上法院

近十年来，在线纠纷解决方式得到快速发展，各种网上解纷平台陆续投用，前者如合肥蜀山法院和上海海事法院的"e 调解"平台，成都法院的"和合智解"平台，后者如网上诉讼服务平台③、互联网法院、

---

① 左卫民：《热与冷：中国法律人工智能的再思考》，载《环球法律评论》2019 年第 2 期。
② 左卫民：《关于法律人工智能在中国运用前景的若干思考》，载《清华法学》2018 年第 2 期。
③ 仅在成都，可用于网上立案等诉讼服务的平台就有四川微法院、成都微法院、四川法院诉讼服务平台、成都法院诉讼服务平台等多种。

互联网法庭等①。2016年10月以来，最高人民法院启动统一在线调解平台，推动覆盖纠纷受理、分流、调解、反馈等流程，实现在线办理当事人诉前调解、诉中和解和司法确认等事项。截至2019年10月31日，最高法院在线调解平台有2 679个法院入驻，在线汇集21 379个专业调解组织和79 271名专业调解员，共调解案件1 369 134件。②与此相应，司法公开持续深化，庭审直播日益拓展。截至2018年底，中国庭审公开网累计直播庭审230万余件，点击率超过138亿人次。③到2020年12月，中国庭审公开网公开庭审总量已经突破1 000万场④。

二、新趋势

新技术对现代司法活动的嵌入，导致诉讼程序和司法技术正在发生深刻的调整和变化，突出反映在对传统线下庭审的某些功能性替代。本质上言，这种替代其实极大地扩展了线下庭审的传统角色和功能，在线庭审因之也具备了线下庭审无法比拟的诸多优势，"特别是，在线诉讼打破了传统诉讼不允许的时空阻隔，让原本无法推进的案件得以顺利推进，无疑为许多不便于亲自到庭进行诉讼的参与人提供了更为便利的接近正义的机会"⑤，但由此也可能潜含着诸多不确定风险，尤须引起重视。

（一）空间替代

传统意义上的案件审理活动需在特定时空进行，其特定性主要体现

---

① 据统计，截至2019年10月31日，杭州、北京、广州互联网法院共受理互联网案件118 764件，审结88 401件，在线立案申请率为96.8%，全流程在线审结80 819件，在线庭审平均用时45分钟，案件平均审理周期约38天，比传统审理模式分别节约时间约五分之三和二分之一，一审服判息诉率达98%。李万祥：《互联网司法开启司法新模式》，载《经济日报》2019年12月18日。
② 中华人民共和国最高人民法院编：《中国法院的司法改革（2013—2018）》，人民法院出版社2019年版，第9页。
③ 中华人民共和国最高人民法院编：《中国法院的司法改革（2013—2018）》，人民法院出版社2019年版，第42页。
④ 唐应茂：《千万量级庭审直播的中国模式》，载《人民法院报》2020年12月12日。
⑤ 左卫民：《中国在线诉讼：实证研究与发展展望》，载《比较法研究》2020年第4期。

在：一是审理时空的实体性，诉讼双方在物理意义上的法庭场所，在法官主持下面对面进行控辩、诉辩活动；二是审理时空的法定性，即审理案件场所的布局、设置、功能需符合法定标准，由此，"司法应该是一种现场性活动，其具有物理空间在场性、公开性、当事人亲历性等特征"[1]。而网上远程视频开庭，构建了一个不同于线下实体空间的虚拟空间场景，从功能上看，这一空间同样可以承载线下法庭审理的主要功能，因而在实质上构成了对线下实体空间的某种替代。纯从技术角度而言，此种替代几乎不受限制，线下法庭的物理外观、场景设置、法台器具等均可通过在线技术解决，比如国内有的法院开发出的 5G 虚拟智能法庭已初步具备完全替代功能[2]。

还值得注意的是，在线庭审不仅能够替代实体空间，而且能够极大地扩展庭审空间，互联网空间的无限性同样能够投射到在线庭审领域。线下实体空间能够容纳的诉讼参与人总是有限，在群体性诉讼案件中尤其如此；从技术层面而言，在线庭审完全可以同时容纳更多当事人同时进行庭审，只要网速得到保障。另一方面，从庭审宣传功能来看，在线庭审则可以提供更为庞大甚至是无限的旁听空间，这一点是传统线下庭审无法比拟的[3]。就此而言，在线庭审何止是替代，实质上更是扩展了庭审空间。

（二）程序替代

比如远程开庭、远程提讯、视频作证、电子送达。正当程序运行的本质，既取决于诉讼参与各方的诉讼权利、诉讼机会和诉讼公开得到公平对待和切实保障，也与程序流程严格的顺序性和时限性紧密关联。就此而言，网上审理活动同样可以满足上述要求，网上远程视频开庭的实现，使得网上虚拟空间的程序推进同样可以满足程序公开、程序公平的

---

[1] 左卫民：《中国在线诉讼：实证研究与发展展望》，载《比较法研究》2020 年第 4 期。
[2] 段莉琼、刘文添：《开启全场域在线庭审新模式——广州互联网法院抗疫期间推出 5G 虚拟智能"YUE 法庭"》，载《人民法院报》2020 年 3 月 1 日。
[3] 比如，2019 年 11 月 21 日下午，广州互联网法院开展涉网金融借款纠纷在线示范庭审，来自全国 31 个省级行政区的 2500 多名类案当事人旁听了该案的调解过程。参见林晔晗等：《一站解纷争 走进"e 时代"》，载《人民法院报》2020 年 8 月 13 日。

要求，当事人通过远程视频同样可以参加诉讼，因而对实体空间的程序活动同样构成了实质替代，并拥有实体空间程序运行所难以比拟的便捷性、开放性优势。

（三）证据替代

证据替代主要反映在三个方面：一是作为不同于传统证据的新型证据，电子证据已经在越来越多的纠纷案件审理中登上舞台，且电子证据的即时性、易存性和分离性使之比传统证据类型更易得到广泛使用。二是证据提取、保管、存储方式、介质发生重要变化，构成了对传统的证据收集和固定方式的替代。三是证据展示与阐释的电子化。多媒体示证技术适应性极广，不仅可用于书证、视频音频证据以及证人作证、当事人陈述，包括物证同样可以适用。此外，传统的法庭实物举证、质证主要依赖手工出示、肉眼观察，而多媒体示证还可实现多角度、全景式和局部放大以及细节特写。特别是对证据细节存在重大争议场合，多媒体示证优势更为明显。由此，多媒体示证不仅替代了传统手工举证、质证，还对既有的证据理念构成冲击。

（四）主体替代

科学技术对法律职业带来的影响主要反映在：一是新技术使法官判断证据、认定事实的能力增强，法律职业的风险有所降低，司法裁判的可靠性提升；二是新技术导致法官在司法活动中面临更高的要求和职业压力；三是新技术可能催化出新的法律职业，比如专家辅助人，新领域新问题新类型鉴定人。四是产生新的法律语言。现代科学技术对司法活动的影响已经延伸到法律语言领域，特别是在线诉讼的广泛运用，对传统的线下法律语言亦将产生深刻而广泛的影响，"应用计算机技术，通过对用自然语言形式表达的法律条文进行信息——逻辑加工，将会逐步产生一种新的法律语言，这必将提高法律条文的精确度，使之更加规范化、通用化"[①]。上述影响可能导致两个方面的主体替代：一方面，得益于

---

① 转引自季卫东：《通往法治的道路：社会的多元化与权威体系》，法律出版社2014年版，第126页。

新技术带来的新机遇，传统法律服务会缩水，一些旧职业甚至可能消失，与此同时与互联网、人工智能和大数据紧密相关的新法律职业将会相继产生，比如法律知识工程师、法律技术专家、跨学科法律人才、法律流程分析师、法律项目管理师、在线纠纷解决师、法律管理咨询师以及法律风险管理师等。①与法律变迁的保守性和可逆性相比，科学技术领域的进步是激进的和不可逆的。在这个过程中，农业社会的许多工作和职业彻底消失了，但许多新的职业却诞生了。②另一方面，新技术可能促成人工智能对传统法律职业的替代，比如虚拟法官、网上调解人、在线咨询师等。近几年来，各地法院已经陆续开发出一些具有初级智能的法律服务智能装置，比如法律知识问答机器人、庭审语音识别和自动转换系统、智能辅助办案系统等；国外亦有不少创新实践，如英国"机器律师"对相关法律问题的判断准确率据称还优于律师③，美国 Ross 系统据称可以替代律师 70%的实务法律研究工作，准确率超过 90%④。需要指出，虽然存在某种"主体替代"，但从根本上言，"计算机量刑虽然无形中提高了我们法院的权威，但实际上是用计算机的冷漠替代了法官的居间不偏和公允"⑤，由此，人工智能既不能取代庭审程序，也不能替代法官的最终判断，只能作为法官裁判的辅助工具，法律职业也不可能被人工智能取代⑥。

应当指出，学界对人工智能对法律职业带来的挑战固然关注较多，但主要集中在对传统职业减少而导致的就业机会的萎缩，或者是因新的职业而催生更多就业机会。从本质上言，其实更应当关注的是对法律活

---

① [英]理查德·萨斯坎德：《法律人的明天会怎样？——法律职业的未来》，何广越译，北京大学出版社 2015 年版，第 129 页。
② 郑戈：《大数据、人工智能与法律职业的未来》，载《检察风云》2018 年第 4 期。
③ 左卫民：《关于法律人工智能在中国运用前景的若干思考》，载《清华法学》2018 年第 2 期。
④ 陈亮、张光君主编：《人工智能时代的法律变革》，法律出版社 2020 年版，第 8 页。
⑤ 张军：《法官的自由裁量权与司法正义》，载《法律科学》2015 年第 4 期。
⑥ 郑戈教授认为，法律职业在技术上是最容易被替代的，也可能是最难被替代的，原因是决策者基本上是法律人，而法律人不会让自己被替代，我们会设计出各种各样的规则来阻止人工智能替代法律。参见陈亮、张光君主编：《人工智能时代的法律变革》，法律出版社 2020 年版，第 13 页。笔者对人工智能难以取代法律职业的结论完全赞同，但根本原因恐非所谓的法律人主观取向。人工智能固然在海量计算、深度学习、超量积累等方面极具优势，但却无法处理情感情绪、道德伦理、利益衡量等方面的难题——至少在相当时间内难以实现。

动主体法定性要求的持久影响。以书记员为例，大陆法系诉讼法理论认书记员为诉讼程序见证人、庭审笔录等法定公文书作成人以及庭审笔录和裁判文书共同签名、署名人，其作为诉讼主体的法律定位明确且重要，如《刑事诉讼法》第 187 条第 4 款规定庭审准备活动应当写入笔录，由审判人员和书记员签名，第 203 条规定判决书应当由审判人员和书记员署名，第 207 条规定法庭审判的全部活动应当由书记员写成笔录，由审判人员和书记员签名；《民事诉讼法》第 147 条规定书记员应当将法庭审理的全部活动记入笔录，由审判人员和书记员签名，第 152 条规定判决书由审判人员和书记员署名。随着近 20 年来科技发展的持续助力，庭审记录经历了四个阶段演变：书记员手工记录、书记员电脑辅助记录、专业速录员记录、庭审视频语音自动识别转换系统。前两个阶段，书记员是庭审活动当然记录主体，自无疑问；第三阶段，部分地方法院通过第三方公司引入专业速录员从事庭审速记记录，则速录员的法律身份成为问题，一般通过临时任命或概括任命为法庭书记员，速录员身份问题得以妥善解决。但庭审视频语音自动识别转换系统可自动完成视频音频记录、存储和文字转换并形成规范庭审笔录，本质上已经初具人工智能特性，在技术上完全可以替代书记员工作，导致传统意义上的书记员似无必要，以致有人发出人工智能时代书记员该干什么的慨叹。如前所述，庭审视频语音自动识别转换系统在技术上确实可以替代书记员工作。问题在于，书记员的诉讼程序见证人、法定诉讼文书作成人以及签名人、署名人身份系诉讼法明确规定，属诉讼程序基本事项，也是庭审程序合法性、公正性要素之一。如以人工智能完全替代，庭审程序的合法性、公正性不免面临质疑甚至可能成为个案上诉、申诉事由。此种问题于虚拟法官、"机器律师"、虚拟调解人等场合同样存在，甚至更为突出，这是主体替代现象引发的更需冷静深思和妥善应对的难题。

三、新挑战

苏力教授分析科学技术对法律的影响时认为，一是现代科学技术的发展加剧了现代司法职业的官僚化趋势；二是只有那些更为方便、更为廉价的技术才可能对法律制度产生影响；三是"目前法律中的科学技术的因素不是太多了，而是远远不够"①。近些年来，各方关注目光主要聚焦于在线诉讼给司法效率、司法成本带来的突破上，而对在线诉讼给诉讼程序、当事人诉讼权利带来的挑战和风险方面则关注较少。

（一）传统刑事司法理念受到冲击

1. 亲历性

司法的亲历性可以从一体两面理解：一体是指司法须符合公开、公平、公正的要求，两面是指：一方面，各诉讼参与者在审理期日和法定审理场所，面对面参与和完成案件审理过程，即我国古代所谓的"相告者对讯"；另一方面，法庭应当保障案件审理活动在法定时空内持续、集中和不受干扰地顺畅进行，司法人员"应当亲身经历案件审理的全过程，直接接触和审查各种证据，特别是直接听取诉讼双方的主张、理由、依据和质辩，直接听取其他诉讼参与人的言词陈述，并对案件作出裁判，以实现司法公正"②。司法的亲历性常常被标定为现代司法的基础性、标志性要求，也是评判司法程序公正性的核心要素之一。在线诉讼场合，由于诉讼各参与方中全部或至少部分并非在法庭现场的实体空间参与和完成诉讼行为，刑事案件中一般是被告人在看守所、公诉人在公诉人办公室，只有法庭人员、律师在法庭现场，证人出庭既可能到庭现场作证，也可能采取在线方式通过远程视频进行作证。特别是对被告人及其辩护人而言，被告人在看守所通过远程视频连线参与诉讼，回答双方提问、进行自我辩护，传统意义上的司法亲历性是否仍然得到了保障和体现，存在较多争议。简单地讲，隔着屏幕的诉讼是否还是诉讼？在时下正热的 5G 虚拟智能法庭场合，不仅法庭设施完全可以通过在线技术虚拟合成，合议庭成员与诉讼各参与人均可在各自场所参加，并经由在线技术虚拟合成标准的法庭庭审场面③，这是否仍然符合司法亲历性的基础条

---

① 苏力：《法律与科技问题的法理学重构》，载《中国社会科学》1999 年第 5 期。
② 朱孝清：《司法的亲历性》，载《中外法学》2015 年第 4 期，第 919 页。
③ 参见潘玲那等：《5G 智慧法院在广州中院开正式启建》，载《人民法院报》2019 年 4 月 4 日；段莉琼、刘文添：《开启全场域在线庭审新模式——广州互联网法院抗疫期间推出 5G 虚拟智能"YUE 法庭"》，载《人民法院报》2020 年 3 月 1 日。

件？应当承认，在线诉讼特别是虚拟法庭审理在很大程度上突破了司法亲历性的传统含义，诉讼法的一些基本理念和规则也需要深入反思[①]。我们必须在新的形势条件下重塑司法亲历性的阐释性内涵和操作性要素，使得司法的亲历性理念在互联网特别是在线诉讼背景下能够推陈出新，更能动地适应互联网时代民众的司法需求，也更有效地保障诉讼公正。总体而言，司法的亲历性需要且能够融入在线技术带来的变化，在线庭审不仅有效克服了空间障碍，且同样能够实现有效的当面诘问和对质，正如现场性并不等同于接触式，可以通过高品质的即时视频庭审等手段消解诉讼过程物理性在场的僵化限定，而视频面对面的审理方式也未尝不是一种直接审理，通过视频通话进行的诉讼发问也同样具备言辞审理特征[②]，但于此情形，应以当事人特别是被告人及其辩护人的诉讼权利得到切实保障、且不受实质性减损为条件。

2. 中立性

司法中立是现代法治社会赖以存在和发展的基石之一，也是司法人员职业准则的核心所在。其基本含义是指，法庭在作出裁判时应当将其结论建立在经过各方辩论和质证的客观事实和证据的基础上，而不受任何直接或间接的限制、压力、诱导、威胁和不当干预。[③]主要要求包括：一是案件中不包含案件裁判者自身的利益诉求；二是司法人员须对各诉讼参与方持平等、对等态度，不可基于任何理由而产生不当偏向；三是未经法庭正当程序审理，法官不得产生预断性意见；四是司法人员与案件当事人之接触须受法定程序、空间和时间之限制，不得于案件、法庭外有单方接触。互联网时代给司法中立带来了新的挑战，在美国加州库亚霍加县的一起刑事诉讼案件中，参与指控的助理检察官布罗克勒于2013年6月注册了一个虚假脸书账号，假装自己是一名妇女，并参加了另外两个妇女的脸书聊天，而他做这一切的目的只是驳斥辩方提出的犯罪嫌疑人不在谋杀犯罪现场的证据。这最终导致布罗克勒助理检察官受

[①] 陈亮、张光君主编：《人工智能时代的法律变革》，法律出版社2020年版，第85页。
[②] 左卫民：《中国在线诉讼：实证研究与发展展望》，载《比较法研究》2020年第4期。
[③] 陈瑞华：《比较刑事诉讼法》，中国人民大学出版社2010年版，第252页。

到开除处分，因为他的行为违反了职业道德，"给这一职位抹了黑。布罗克勒制造假证，对证人撒谎，也对其他检察官撒谎，影响了检方侦办该谋杀案的时机"①。可以认为，互联网时代的来临、在线诉讼方式的产生，并未从根本上改变司法中立的价值取向，但司法中立之实现、保障方式的社会背景、权利土壤已经发生了巨大变化，我们必须主动和有效地适应这一改变。

3. 辩论性

司法上辩论主义主要指两层含义：一是法官须亲自主持庭审并听取双方陈述和辩论；二是法官的事实心证及裁判意见须受当事人诉讼材料的限制，原则上不得在法庭审理中出示材料和提出意见之外，采纳其他材料和意见并形成裁判意见。问题在于，互联网时代和新媒体时代已经极大地提升和拓展了我们获取各种信息的能力、方式和渠道，线下面对面交流和特定书面材料已经成为非主要的信息来源，而互联网特别是移动网则成为最主要、经常的信息获取渠道和方式，由此，法官、陪审员等案件裁判者如何在个案审理中遵循辩论主义、免受新媒体信息的不当影响，已经成为一个现实而迫切的重要课题。在美国，为保障陪审员免受来自媒体不当信息的干扰，在重大案件审判中常有将陪审员集中封闭的做法。但这只是一种物理隔离方式，在移动网横扫全球的新媒体时代，这种隔离方式仍然有效吗？换言之，我们应当如何重新认识、定位互联网时代的司法辩论主义，又应当怎样在具体案件中实现和促进辩论主义？

（二）程序权利如何保障面临难题

1. 公正审判权

公平审判权是现代刑事诉讼的重要基础和核心内容，旨在保障任何人有权在合理时间内在依法设立的独立与公正的法庭受到公平与公开的

---

① 蒋惠岭、杨奕：《司法公开与新媒体关系的多元比较》，载《人民司法（应用）》2014 年第 19 期。

审判,①此项权利对被告人而言尤为重要;同时,公正审判权之实现不重静态因素,而取决于动态标准,即必要程序的保障与实质机会的获取。②在在线诉讼语境下,诉讼参与方特别是刑事案件被告人采取网络开庭或远程视频开庭方式,是否侵犯了被告人的公正审判权,特别是程序保障权和实质机会获得权?新冠肺炎疫情爆发以来,在线诉讼越来越受重视,不少刑事案件不同程度地采用在线诉讼方式开庭审理,在方便诉讼、降低成本、提高效率乃至减少风险方面显示出极大的优越性。但同时也引发对当事人特别是被告受审权是否会受到限制和分割的担忧、争议。疫情期间成都某法院拟适用在线方式开庭审理一起被告人共同犯罪案件,但被告人及其辩护律师明确反对并坚持要求线下开庭,最终得到采纳。如何平衡刑事诉讼公平与效率的关系,如何平衡惩治犯罪与保障诉权,对在线诉讼而言尤其值得深思。

2. 对质权

对质权既是刑事案件被告人的一项基本诉讼权利,也是现代刑事诉讼的一个重要程序装置,"不仅聚焦于促进可预审判结果的程序机制,同样也专注于重申被告人有权作出个人选择的法定程序"③,该权利主要针对的是可能不利于被告人的证人,包括以下四个方面:在场,即被告人有权亲自在法庭接受公平审判,并有权要求其他参与方特别是控方和证人出席法庭;当面,即被告人有权在法庭上直接面对不利于己的证人,并与之目视,同时亦有权要求证人与自己面对面并目视自己;诘问,即对证人证言进行诘问;对质,其核心是在法庭审理现场与证人面对面对质的权利④。对质权旨在"通过在对抗式诉讼中证人与被告方之间的交

---

① 颜飞:《论对质诘问权与书面证言的使用》,载《西南民族大学党报》(人文社科版) 2009 年第 6 期。
② 孙长永、胡波:《保障与限制:对质询问权在欧洲人权法院的实践与启示》,载《现代法学》2016 年第 3 期。
③ Pamela R. Metzger, "Confrontation Control", *Texas Tech Law Review*, 2012(45), pp.100.
④ Roger C. Park, "Is Confrontation the Bottom Line?", *Regent University Law Review*, 2006(19), pp.461-262.

叉询问，以确保证人证词的可靠性"①。但于在线诉讼场合，远程开庭、视频作证是否侵犯了被告人以及其他参与者的诉讼权利？美国联邦最高法院在 coy v. lowa 案中认为，不问个案具体情况，采取概括方式规定以透过视频传讯方式将证人陈述现场转播至法庭的做法，虽不违反被告人的诘问权，但可能侵犯被告人的对质权②。

3. 审判秘密和当事人隐私

大陆法系持审判过程公开、法官评议秘密的传统，英美法系国家的陪审团评议对公众和法官均保密，同时审判过程中之重要证据亦可能成为审判秘密，故审判秘密亦为国家秘密之组成部分。在线下诉讼场合，审判秘密相对具有较强的可控性。但于在线诉讼情景下，所有诉讼行为和诉讼资料的提交、出示均通过网上进行，举证、质证亦通过多媒体示证方式在网上进行，加之在线庭审旁听空间的无限扩展性和庭审直播的广泛运用，审判秘密、重要诉讼资料、商业秘密以及当事人隐私泄露的风险将成倍上升，如何保障审判秘密、商业秘密以及当事人隐私不被泄露已经成为必须面对的现实课题③。

（三）刑事举证、质证方法有待调适

一方面，刑事举证、质证方法需要应对新的需求和变革。传统意义上的举证、质证活动都在线下法庭进行，指控和辩护证据均应当庭出示并经对方辨认；关键证人到庭作证并接受交叉询问；物证、书证应出示原物、原件等等。在网上开庭场合，控辩双方发问、证人作证均主要通过网上进行；除音视频证据和直接通过网络形成的证据当然通过电子方

---

① Christine Chambers Goodman, "Confrontation's Convolutions", *Loyola University Chicago Law Journal*, 2016 (47), pp.819.
② 王兆鹏：《美国刑事诉讼法》，北京大学出版社 2014 年版，第 449 页。
③ 据最高人民法院审管办介绍，"最高法正在着手制定相关司法解释，明确划定庭审直播案件范围，进一步对庭审中涉及的公民隐私权和商业秘密等依法妥善进行保护，并加强对未成年人、被害人、证人等特殊主体的保护，努力在司法公开和维护好公民隐私权、企业商业秘密之间取得平衡"。参见张素、孙航：《法院庭审直播发展迅猛，中国最高法表示将妥善保护隐私》，中国新闻网 www.chinanews.com，2020 年 12 月 4 日。

式展示外，物证、书证亦均通过电子展示方式进行，但实际展示的是图片而非原物原件。似乎可以认为，在线诉讼支持多媒体示证而并不支持原物、原件展示。值得注意的是，《刑事诉讼法》和《刑诉法解释》对多媒体示证问题均未作要求。2015年11月，某地高级法院、检察院和司法厅《关于积极推进刑事案件庭审多媒体示证工作的会议纪要》（下文简称《多媒体示证纪要》）第2条规定，刑事案件庭审中应积极采用多媒体示证；第7条规定，开庭审理时，法庭应当告知控辩双方有权查阅多媒体示证的材料原件，并结合证据展示提纲引导控辩双方有序展示[①]。2017年12月，最高人民法院《法庭调查规程》第33条第2款规定，"出示证据时，可以借助多媒体设备等方式出示，播放或者演示证据内容"。对比分析，最高法院《法庭调查规程》与《多媒体示证纪要》之间似存差异。一方面，《法庭调查规程》更强调刑事庭审应当以原物、原件出示为原则和一般情形，而以多媒体示证为辅助和补充，侧重于程序公正和权利保障；《多媒体示证纪要》似采多媒体示证为优先，以原物、原件出示为补充，侧重于程序效率。

另一方面，传统的诉讼调查和证据裁判亦面临着挑战，其一，从证据事实的确定性到概然性。过去，证据法研究曾经被概率论统治，而现在，概率论被认为并非如人期望的那样有效，由此，诉讼阶段的证据证明力都要按照似真性和最佳解释推论而非概率才能得到最佳理解[②]。其二，从证据条件的圆满性到限定性。刑事诉讼立法基于规范视角和理想场境通常会对证据条件作出具体界定，但刑事司法实践中的证据要素构成往往总是处于某种短缺状态，难以完全满足所有条件和理想场境。其三，从证据规格的典型化到误差化。基于传统的证据法理念，我们总是会设想，刑事诉讼的目的正是通过找到具有典型意义的证据样本，以精确地实现证据与待证事实之间无可怀疑的直接和无缝联结，但实际情况

---

① 熊焱主编：《刑事庭审实质化改革：理论、实践、创新》，法律出版社2017年版，第330-331页。

② [美]罗纳德·J.艾伦：《艾伦教授论证据》（上），张保生等译，中国人民大学出版社2014年版，第397页。

是,"在刑事司法实践中,我们永远无法完全消除误差,而只能在这种误差与那种误差之间进行选择"①。

(四)线下法庭仪式感与法庭规则难以简单适应线上空间

传统意义上的法庭布局、区域划分、器物设置,以及审理程序、法庭规则、法庭用语,直到对法庭审理中相关情形的处置,基本上围绕着线下法庭空间形成一整套体系化标准和规则,但却难以简单适用于在线诉讼所依赖的虚拟空间。目前,最高法尚未制定全国统一的虚拟法庭规则。在线庭审对法庭审理活动的庄严感、仪式感存在不可忽视的消解风险,甚至可能构成实质性消解,实践中部分法官认为在线诉讼可能削弱法庭的威严感、仪式感,并可能导致程序风险②。以笔者网上开庭审理的一件涉口罩诈骗案件为例,庭前被告人多次如实供述且稳定一致且主动退赃,签署自愿认罪认罚具结书,被害人亦出具谅解书,但开庭时被告人突然申请辩护人、公诉人回避且当庭翻供。虽然当庭翻供并非少见,但此案被告人态度前后反差之大,似与网上空间的虚拟性亦有牵连。还值得关注的一个问题是刑事法庭庄严感、仪式感中所蕴含的某种羞辱感。尽管现代刑事诉讼程序强调对被告人的程序权利、实体权利的依法保障,但我们也难以否认刑事程序实质上仍然具有某种道德非难功能。福柯曾经指出,对罪犯的羞辱首先是整个社会必要的反应,灼灼的目光、窃窃的议论以及每个人的即刻审判等等,实际上构成了一种持久的审判和法院③。而刑事法庭及其程序,不过是这种社会性非难从民间向国家、从

---

① [美]伯纳德·罗伯逊、G.A.维尼奥:《证据科学——庭审过程中的科学证据的评价》,王元凤译,中国政法大学出版社2015年版,第16页。
② 左卫民教授针对在线诉讼主持的一项实证调查显示,有法官说:"当事人线上的环境可能比较随意,削弱法庭的威严性。"还有法官认为:"一些当事人会随意走动,法官对这种情况没法控制。"另一位法官说:"法官着法袍坐在庭上和出现在屏幕上对当事人的威慑力差别很大,有个案件的当事人最开始作为证人的口供和后来被追加为第三人的口供不一致,如果是线下开庭我就可以告知他虚假口供的法律后果,并且当场质问他,但是线上我觉得会削弱法官的这种威严或者说当事人会没有那种作出回应的压力。"转引自左卫民:《中国在线诉讼:实证研究与发展展望》,载《比较法研究》2020年第4期。
③ 福柯:《惩罚的社会》,陈雪杰译,上海人民出版社2018年版,第88页。

广场化向剧场化的转变与调和。2020年2月最高法《关于新冠肺炎疫情防控期间加强和规范在线诉讼工作的通知》第8条第3款规定,"人民法院开展在线庭审,一般应当在法庭内进行。因疫情防控需要,法官确需在其他场所在线开庭的,应当报请本院院长同意,并保证开庭场所庄重严肃、庭审礼仪规范。人民法院应当参照《中华人民共和国人民法院法庭规则》相关规定,加强对在线庭审参与人的诉讼指导,明确在线庭审纪律,确保庭审过程安全文明、规范有序"。从此条内容看,最高法已经意识到在线审理方式对法庭仪式和庄严、法庭规则等可能产生的不确定性风险和影响,明确要求各地法院参照现行法庭规则作出灵活处理。

四、新对策

萨斯坎德曾预测,在线纠纷解决技术将会成为颠覆性技术,彻底挑战传统法院和律师的工作,由此,电子工作、基于信息技术的法院、虚拟法院以及在线纠纷解决将会成为未来纠纷解决方式的主流,绝大部分纠纷案件均可通过在线诉讼解决。工业革命的历史表明,技术和平台的变革最终会带来颠覆性的变化。正如布罗代尔指出,技术迟早要成为社会的刚需,技术终将改变世界。① 就此而言,我们没有理由对在线诉讼的未来不抱以乐观态度。真正的问题也许是:司法如何调适自身,技术又如何融入司法?总体上看,我们既要对各种新技术、人工智能和大数据在刑事诉讼特别是刑事审判中的应用前景持欢迎态度和乐观预期,又要深入评估和研究上述新技术的运用给刑事司法理念、刑事审判程序、法庭调查技术、诉讼主体行为、诉讼权利保障等带来的挑战,稳健推进各种新技术、人工智能和大数据在司法活动中的应用,使之更好造福于现代刑事审判和人权保障。

(一)对刑事司法理念和刑事司法政策做出新的调适

刑事诉讼应当充分利用现代科技成就,更有效地促进司法公正。第

---

① [法]费尔南·布罗代尔:《十五至十八世纪的物质文明、经济和资本主义》,顾良、施康强译,商务印书馆2017年版,第532-533页。

一，对刑事司法理念的内涵做出符合新时代需求的阐释。总体上言之，刑事司法制度不能死守陈规而自绝于大数据和人工智能时代，应当承认并接纳现代科技带来的积极变化，而这些变化并非仅限于方便、快捷、好用，同样包括了更具广度、深度、实效性的公开、公平和公正。第二，在线诉讼在本质上是线下实体空间诉讼在大数据和人工智能时代新的发展、深化和丰富，仍可部分适用线下诉讼的理念、原则、程序、方法和规则。第三，推进在线诉讼与尊重当事人的程序选择权和方法选择权并行不悖。当事人的程序选择权和方法选择权是现代刑事诉讼的重要内容，案件固然存在繁简之分、难易之别，但当事人的公平审判权和程序选择权同样应受切实保障。诚然，"经当事人协商同意即可采用在线诉讼方式，不受纠纷各类、案件类型和程序的限制"①，但当事人坚持要求适用线下审理方式的，也应当得到尊重。第四，实行共同但区别的分轨策略。现代社会需要在公正与效率之间保持动态平衡，实施合理的分流策略，即对大量事实简单、被告人自愿认罪认罚案件适用在线诉讼方式，以求最少诉讼成本和最佳诉讼效益；针对相对复杂疑难、对关键事实或证据争议较大，其物证、书证可能高度依赖现场肉眼观察和辨识的案件，以及社会关注度、影响面大的案件，应当充分尊重当事人的程序选择权，当事人或其辩护人要求线下审理方式的，一般应当同意，并记录在卷备查。

（二）制定完善庭审程序运用新技术的操作规则

目前，全国已有一些法院先行出台了在线庭审程序规则，但地方化、分散化现象突出，严重影响到诉讼程序的法定统一性和实际操作效果，鉴于诉讼程序属立法事项范围，加快制定全国统一的在线庭审程序规则已经成为当务之急：一是应将调查规则、调查方法包括利用多媒体示证或者其他新技术手段纳入庭前会议内容，了解情况、征求双方意见，一方需要采取多媒体示证方式的，应当提交书面的多媒体示证提纲或包含该内容的举证提纲，并针对拟示证的证据名称或种类、播放方式、播放

---

① 左卫民：《中国在线诉讼：实证研究与发展展望》，载《比较法研究》2020年第4期。

时长等事项作出必要说明，听取对方意见建议。通过庭前会议促成控辩双方形成共识，对协商情况应记入庭前会议笔录并纳入报告内容，为庭审有效使用多媒体示证方式提供程序依据，排除可能妨碍，同时最大限度防止一方不当利用新技术手段进行"诉讼突袭"，导致双方武器不平等。二是采取多媒体示证方式客观上将限制原物、原件出示权，须在庭前会议阶段达成一致意见，即控辩双方均同意通过多媒体示证方式出示相关证据，而放弃该部分证据的原物、原件出示。三是双方在庭前会议中就多媒体示证方式达成一致意见的，庭审中双方均应按达成的一致意见组织举证质证，任何一方不得翻悔，但有正当理由的除外。四是多媒体示证要区分证据有无争议情形，作出合理安排，不应有无争议一个样、一种方式用到底。五是保障被告人及辩护律师的异议权。六是对涉及重要诉讼权利的技术手段运用，应纳入合议庭评议内容，并应当在判决书作简要说明，如远程视频作证情况。

（三）加强对新技术在庭审程序和司法技术中的融合应用、风险评估和对策研究

客观而言，近些年来针对在线诉讼的研究更多集中在单纯的技术层面，对司法如何与技术实现有机而充分的协同则关注不多，缺乏有深度和有价值的研究成果，在线诉讼平台和应用技术固然日新月异，但实际运用效果远非理想。其中固然有重视度不够、成熟度不高的原因，但更与技术与司法的融合研究不够、缺乏可操作性、可持续性较强的实践化成果有关。与此同时，对在线诉讼的风险预研评估也尚欠深入，包括技术的成熟度、可控性风险、道德风险、成本风险等。须知，任何技术如果要在司法中使用，其使用成本必须比较低，其使用必须比较方便[①]。据此，应当将庭审程序和在线诉讼技术的融合应用、风险评估作为下一步推进在线诉讼研究和运用的重点内容，并在此基础上提出具体对策，在推进在线诉讼应用的同时同步防范可能产生的不确定风险。

---

① 苏力：《法律与科技问题的法理学重构》，载《中国社会科学》1999 年第 5 期。

（四）尽快制定电子诉讼法和修订完善相关司法解释

鉴于在线诉讼日益成为独立的诉讼场景，加快制定专门的电子诉讼法更为必要。据了解，已有全国人大代表提出立法建议，法学理论与实务界亦有类似建议，①最高法表示将积极推动电子诉讼立法进程。制定和实施电子诉讼法，有利于规范网上诉讼行为，提升网络空间治理的法治化水平；有利于营造法治化营商环境，践行"法治是最好的营商环境"的要求；有利于打造和形成一整套电子诉讼的标准化流程体系，增强我国网络空间治理的国际话语权。同时，制定电子诉讼法条件已经初具，同时也要抓紧修订完善相关司法解释和规范性文件，特别是要加快制定在线诉讼法庭规则，推动在线诉讼进一步规范，打造我国的在线诉讼法庭规则体系。

（五）加快培养在线诉讼法律人才队伍

加快培养在线诉讼法律人才既是当下推进在线诉讼面临的紧迫任务，也是未来拓展在线诉讼的长远举措。培养在线诉讼法律人才需要充分考量新的难点，比如如何看待跨界能力在在线诉讼中的价值和作用，人工智能与法官对同一问题的判断标准如何协调。此外双方知识背景上亦不无差异，如传统法律人才更加强调基于资历和经验沉淀的长时段因素，而人工智能的优势恰恰在于即时性或短时段性，等等。由此，推动法律职业人与专业技术人知识结构的互补和融合尤为重要②。

科幻作家威廉·吉布森曾言，未来已经降临，尚未全面铺开③。这不仅可以看作在线诉讼等新技术的现状，更蕴含着对法律新技术前景的预期。而预测未来的最好方法，是共同创造在线诉讼的美好未来。

---

① 李占国：《应当尽快制定电子诉讼法》，载《法制日报》2019年3月2日。
② 左卫民：《关于法律人工智能在中国运用前景的若干思考》，载《清华法学》2018年第2期。
③ [英]理查德·萨斯坎德：《法律人的明天会怎样？——法律职业的未来》，何广越译，北京大学出版社2015年版，第187页。

第二部分 改革与实践

专题五 深化司法体制机制综合配套改革的"小配套"路径

党的十九大报告提出要"深化司法体制综合配套改革,全面落实司法责任制"以来,当前具有"四梁八柱"性质的改革主体框架已基本确立①。2017年8月中央在上海进行司法体制综合配套改革试点后,北京、成都、广州、深圳、青海等地相继出台推进司法体制综合配套改革的地方规范性文件,但各地的综合配套改革框架不一,部署的改革措施也不尽相同。法学理论界对综合配套改革的内涵、意义,推进措施的研究停留在大的综合配套层面但未形成通说。"只有干巴巴的主体框架并不能让司法制度的功能发挥出来,因此大量工作还需要在配套改革中完成"②。只有通过诸多小配套改革,才能实现司法体制综合配套改革的既定目标。

一、时代价值

(一)"大配套"改革落地落实离不开"小配套"改革

司法体制综合配套改革,是对整个司法体制改革整体方案的顶层设计,为"大配套"改革;其中的单项改革,为"小配套"改革。推进一个部门、一个地区、一个行业、一个法院的改革,固然需要宏观层面的顶层设计,出大方案、大计划。但也离不开各单项改革的配套改革,实

---

① 姜伟:《司法体制综合配套改革的路径和重点》,载《中国法学(文摘)》2017年第6期。
② 蒋惠岭:《司法改革第二季:明确综合配套改革方向,深化司法体制改革》,载《人民法院报》2018年7月13日。

现大的改革目标,需要更多的小改革、小路线、小配套。从实践来看,中央关于司法体制综合配套改革相关文件明确了 25 项小改革任务,某直辖市委政法委制定的分工方案明确了 117 项改革任务[①],该市高院制订的改革方案明确了 136 项改革任务[②]。C 市中院制定的司法体制机制综合配套改革,则明确了 50 项改革项目,细化为 156 项改革任务,162 项考评标准。

(二)"小配套"改革为"大配套"改革提供本地化经验

来自地方与基层的探索实践,是国家重大改革的先行试验田和创新原发地,是保障"大配套"改革顺畅推进的基层基础,更是各个"小配套"改革落实落地的主战场和生力军[③]。各项小配套改革,不仅为整个司法体制综合配套改革提供鲜活的实践探索和本地化经验,为整个大改革提供系统化的操作办法、实施步骤和推进机制,更为持续验证、调控、深化和完善改革提供重要的客观依据。当前北京、成都、广州、深圳、青海等地推进的司法体制综合配套改革,本身就是本地化探索的实践,各个地方在推进改革中部署的各项小配套改革,既是司法体制综合配套改革的先行先试,也是为将来在全国推进司法体制综合配套改革提供来自地方和基层的范本和参考。

(三)"小配套"改革需要在"大配套"改革框架下进行

各项"小配套"改革任务无论大小,都存在互为前提、互为条件、互为因果、互为手段、互相呼应的关系。比如:中央深改组第七次会议在审议《最高人民法院设立巡回法庭试点方案》《设立跨行政区划人民法院、人民检察院试点方案》时明确指出,这两项改革试点涉及司法管理体制、司法权力运行机制等深层次问题。试点方案先在基础扎实、需求

---

① 严剑漪、邱悦:《上海启动司法体制综合配套改革》,载《人民法院报》,2017 年 9 月 30 日第 4 版。
② 严剑漪、邱悦、张硕洋:《上海法院全面推进司法体制综合配套改革确定 8 个方面 136 项具体改革任务》,载《人民法院报》2017 年 11 月 3 日第 1 版。
③ 2017 年 7 月,卓泽渊教授在基层治理与法治四川建设论坛上直言,要更加重视和充分发挥地方和基层在推进司法改革创新方面的先发优势、原创实践和特色经验。

迫切的地方开展试点。这是新生事物，新开门面要站在高起点上，有整体性考虑和系统性设计，创造可复制、可推广的机制制度①。为什么需要试点？这正是中央充分考虑并高度重视这两项改革所需要的制约条件和配套因素，旨在通过试点实践为统筹推进更大层面、更广范围的全面改革积极创造条件、蓄积配套资源。相对于司法体制改革的宏观性而言，设立最高法院巡回法庭是一个小配套改革，但仍然涉及且离不开司法管理体制、司法权力运行机制等其他改革项目的积极配套和有效支持，因此各单项"小配套"改革的开展，需要在"大配套"改革的总体框架内进行，与其他改革同安排、同部署。

二、改革案例简析

20世纪末以来中外司法改革实践表明，高度重视改革的制约条件和关联要素具有至关重要的现实意义。在推进改革中同步甚至提前谋划关联要素的配套跟进，改革就能够有序推进并取得扎实成效；反之，如果忽视制约条件，不对关联要素提前进行评估并提出切实配套跟进方案，改革往往容易陷入单兵突击、急躁冒进状态，因配套要素欠缺导致改革进程受阻，难以取得实效②。

（一）国内实例

1. 刑事庭审实质化改革

2015年2月以来，C市中院针对长期以来刑事诉讼特别是刑事庭审存在的"两个虚化"症结，在全国率先开展刑事庭审实质化改革，截至2018年8月，该项改革被中央政法委、最高法、最高检批示肯定，庭前

---

① 习近平主持召开中央全面深化改革领导小组第七次会议审议通过《最高人民法院设立巡回法庭试点方案》《设立跨行政区划人民法院、人民检察院试点方案》。央视网，2014年12月2日。
② 龙宗智教授指出，即使对司法应循规律形成一定共识，但因主客观原因及条件限制，一些非理性因素仍然顽强地产生影响，依循规律的司法运行仍需长期努力；同时，司法逻辑的运行须有社会条件，社会的改革也许更重于司法改革本身。参见龙宗智：《司法的逻辑》，载《中国法律评论》2018年第3期。这里更强调的无疑是改革的重要关联要素的配套程度。

会议报告制度、"两步法"排非程序以及强化当庭宣判等多项改革经验被最高法院改革文件和"三项规程"直接采纳，央视一套大型政论专题片《法治中国》重点评介，新华社《国内动态清样》专文介绍，人民日报、法制日报、人民法院报等媒体多次跟踪报道，被《民主与法制》评为2016年司法改革十大"亮点"之一。总结起来，C市刑事庭审实质化改革之所以取得成功，其中最重要的一条经验就是，始终坚持服从党委统筹安排，充分借力政法委组织协调各方的优势，有效凝聚社会改革合力、共同形成庭审实质化改革"大合唱"，同时这也与刑事审判相关的刑事法官、检察官、律师素质的提升，现代刑事司法理念的树立等配套措施同步跟进密切相关。刑事庭审实质化改革的C市实践，正是在刑事司法领域重视改革关联要素、合力推进"小配套"改革的一个范例样本①。

2. 法官员额制改革

法官员额制在司法体制改革中具有基础性作用，是实现法官正规化、专业化、职业化的重要举措。自2014年法官员额制改革率先在上海启动以来，到2017年7月，全国法院从原来的211 990名法官中遴选产生120 138名员额法官，占政法专项编制数的32.9%②。三年来法官员额制改革已取得显著成效，这与法院加强法官职业化建设的长期努力和成果密不可分，与人员分类管理改革、法官单独职务序列等改革同步推进密不可分。但一些关联要素改革配套不足或滞后的问题仍然突出，比如法官助理严重不足、诉外化解纠纷作用有限导致审判压力加剧、办案骨干与资深法官的员额配置矛盾短期难以协调等③。

3. 人民陪审员制度改革

《中华人民共和国人民陪审员法》（下文简称《人民陪审员法》）第十九条对人民法院随机抽取人民陪审员参审作了规定。但在司法实践中，

---

① 参见郭彦主编：《理性 实践 规则 刑事庭审实质化改革的成都样本》，人民法院出版社2016年版，第1-22页。
② 胡仕浩、马渊杰：《司改2017：滚石上山再向前》，载《人民法院报》2018年1月15日。
③ 龙宗智：《司法改革：回顾、检视与前瞻》，载《法学》2017年第7期。

受法院"案多人少"矛盾和人民陪审员的素质能力影响,个别合议庭的人民陪审员长期固定,人民陪审员成为准法官经常性固定参与案件合议,"熟人陪审员""驻庭陪审员"现象在一些地方法院不同程度存在。之所以不能从真正意义上实现随机抽取,究其根源在于相应的人民陪审队伍素质以及监督机制等配套措施没有跟上,导致立法要求难以充分落实。为解决长期以来陪审员"陪而不审、审而不议"的问题,中央《关于全面推进依法治国若干重大问题的决定》首次提出"逐步实行人民陪审员不再审理法律适用问题,只参与审理事实认定问题",《人民陪审员法》第二十二条对此作了相应规定。目前除少数试点法院有一定探索外,多数地方法院缺乏一定的案例积累、成熟经验和操作规则,加之法律适用与事实认定本身难以完全分离,此项新规定、新制度如何在实践中真正落地,仍有待进一步细化具体操作。

(二)国外实例

1. 美 国

美国法院创新中心主任格雷格·伯曼和中心特别项目部主任奥布里·福克斯选取了六个典型改革实例,从挫折和教训这一独特视角,对20世纪90年代以来美国各州刑事司法改革进行了深度剖析。这些改革项目涉及枪支搜查与控制、毒品法庭、假释制度等多个方面,都试图改善刑事司法体系但因种种原因却未能完全成功,甚至以失败告终,其教训主要包括:一是未能进行自我反思,刑事司法改革的决策者和操作者应当不停地问自己什么是有效的,什么是无效的,以及为什么;二是过于狭窄地界定成功,而减少犯罪只是刑事司法体系所追求的众多结果之一;三是刑事司法改革的决策者和操作者必须要成为社会科学研究更棒的消费者,但评估不能取代判断;四是对刑事司法改革的期待应当保持适度;五是未能掌控当地的政治因素,当你不关心谁将受益于改革措施时,你就很难取得成功;六是在封闭的状况下进行改革设计,应当走向策略性的合作;七是在执行的具体细节上花费的时间不够,应当在内外环境的营造下更大功夫；八是采取自上而下的改革路径，因为机构里面底层的人和顶层的人同样重要①。

2. 意大利

1988 年，意大利颁布新刑事诉讼法，将原来的职权主义诉讼模式改为当事人主义的对抗制诉讼模式，并借鉴美国辩诉交易制度设立"基于当事人请求而适用刑罚的程序"。但此项改革因不契合意大利的法律传统引发诸多弊端，被称作"两头不讨好"。1990 年，意大利宪法法院判决认定，新诉讼法有关辩诉交易的规定违背无罪推定原则；次年，该院再次判定，检察官对简易程序的"绝对否决权"明显违背给予被告人同等保护的宪法原则；后来该院还对简易审判程序的适用范围作出限制②。意大利宪法法院对新刑诉法的频繁修改表明，刑事司法改革一旦背离自身法律传统和司法实践等制约条件和关联要素，有如毛尔科维奇教授所谓的"兰花长在卷心菜地里"，实质上难以成功③。

3. 其他国家

1947 年，日本模仿美国的法官助理制度，创设了法院调查官制度，但很快就意识到美国模式水土不服，后来将其改为必要时由法官担任法院调查官，此后下级法院优秀法官遂成为调查官的主要来源，明显区别于美国法官助理主要源自大学法学院毕业生的做法。1993 年以来俄罗斯、西班牙相继引入新陪审团制度也曾遭遇类似困境；原东欧国家也在 20 世纪末大量引入西方国家法律制度，甚至直接照搬西方国家法律，但获得的更多是教训而不是成功。

正如伯曼所言，如何促使刑事司法改革更好地开展，并不仅仅是美国面临的挑战④。对我国而言，在增强司法制度自信和文化自信、坚持

---

① [美]格雷格·伯曼、奥布里·福克斯：《失败启示录》，何挺译，北京大学出版社 2017 年版，第 186-196 页。
② 陈瑞华：《比较刑事诉讼法》，中国人民大学出版社 2010 年版，第 433-434 页。
③ [意]简玛利亚·阿雅尼、魏磊杰编：《转型时期的法律变革与法律文化》，魏磊杰、彭小龙译，清华大学出版社 2011 年版，第 21 页。
④ [美]格雷格·伯曼、奥布里·福克斯：《失败启示录》，何挺译，北京大学出版社 2017 年版，第 3 页。

以我为主的前提下,既合理借鉴国外司法改革的有益经验,也关注其中的挫折教训,使我们的司法改革尽量少走弯路,也是一个现实课题。一方面,司法改革必须面对一系列问题,如影响司法改革推进的制约条件和关联因素究竟有哪些,其中哪些是决定性因素?改革中涉及哪些不同层次的主体要素和内外关系?如何合理界定决策者、研究者、操作者、协同者、关注者的各自角色和职责作用?如何妥当看待和处理创新、试错、评估与失败之间的关系?另一方面,上述改革实例也给予我们若干启示,如切实做好改革项目的事前论证和顶层设计;科学界定改革目标和评价机制;高度重视改革的制约条件和关联因素,注重内外环境营造,特别是形成各方支持改革的协同机制;将改革的统筹谋划和基层首创精神有机融合,既自上而下又自下而上,以寻求改革效果的最优化和最大化等等。

三、主要制约条件与关联要素

(一)制度要素

制度一般是指人们共同遵守的办事规则和行动准则,其目的在于使各项工作按计划进行并实现预期目标。在改革过程中,无论是大配套改革还是小配套改革,制度均具有基础性作用,是确保改革顺利推进,持续深化,推广示范的关键所在。中央全面深化改革领导小组、十九届中央深改组、中央全面深化改革委员会在通过很多试点改革方案时,均要求创造可复制、可推广的机制制度。最高人民法院在总结2017年司法改革成果时提到了《人民法院、人民检察院聘用制书记员管理制度改革方案(试行)》等17项制度,先载明出台什么制度,然后再阐明制度运行的积极效果[①]。在C市法院推进的各项小配套改革过程中,制度均发挥了重要作用。如在刑事庭审实质化改革过程中,包括C市中院在内的C市各政法机关共出台了19项制度[②];在内设机构改革过程中,C市中院

[①] 胡仕浩、马渊杰:《司改2017:滚石上山再向前》,载《人民法院报》2018年1月15日。
[②] 参见郭彦主编:《理性 实践 规则 刑事庭审实质化改革的成都样本》,人民法院出版社2016年版,第447-524页。

在院级层面出台了 6 项制度；在大刑事审判庭庭级层面出台了 13 项制度①。

（二）人力资源要素

人力资源广义上指在一个国家或地区中，具有劳动能力的人口之和；狭义上是指企事业单位独立地经营所需人员具备的能力。就法院司法体制改革而言，人力资源就是法院司法体制改革所涉及相关人员能力和素质的总和。这主要涉及四个方面的人力资源：第一，"进"，哪些人员参与到改革，或者说改革过程中我们需要借助哪些人力资源，既包括法院内部的人力资源，又包括法院外部的人力资源。第二，"出"，哪些改革会导致法院特定的人力资源的减少，如法官员额制改革，就需要考虑部分原有法官资格的人进入不了员额的问题。第三，"留"，因改革留下的人力资源怎么配置最优的问题。如：法院员额制改革后，员额法官单独职务序列改革问题。第四，"转"，在改革过程中，某些人员需要转岗的问题。具体为，原法官不能入额需要转岗法官助理或司法行政人员的问题；因法院人员分类管理，带来的审判辅助人员向行政人员转岗，行政人员向审判辅助人员转岗的问题等。此外，法院内设机构改革也涉及人力资源的要素，涉及机构撤并后人员如何整合、领导如何安置的问题。

（三）对象要素

对象简单理解就是指行动或思考时作为目标的事物，相关活动的承受者，主要包括人、财、物等要素。司法改革的对象主要是司法改革目标所指向的事物，其对象可能是针对人的法官员额制改革、人员分类改革，也可能是针对财物的改革，如省级以下法院财物统管改革，还可能是针对某项制度、运行机制的改革，如以审判为中心的诉讼制度改革主要针对的是诉讼制度。不同改革的对象不一样，所要解决的重点问题也不一样，在推进改革过程中，需针对不同的改革对象，采取不同的改革措施。如法官员额制改革，虽然中央确定了员额比例，但是中央仍然为

---

① 郭彦主编：《优化 协同 效能 人民法院内设机构改革的成都实践》，人民法院出版社 2018 年版，第 286-370 页。

地方改革留出空间，可以在省级统筹，以解决地方法院人案比不均衡的问题。

（四）利益相关者要素

利益相关者最早出现在企业管理领域中，指"能够影响一个组织目标的实现或者能够被组织实现目标的过程影响的人"①。人力资源因素主要考虑的是法院司法改革需要的人力资源，而利益相关者则是将法院改革置于一个宏观的改革链条中予以考量，两者既有联系又有区别。人力资源是改革需要的人员素质能力，强调改革的推进力量；利益相关者是从改革利益损益的关联程度进行考虑，强调改革引起的利益变化。法院司法改革的利益相关者主要包括5类人员：第一，法院的各类人员，司法改革将直接或间接影响到法院内部不同职务人员的利益。第二，党政机关，法院的工作是在党的领导下进行的，法院的各项改革，或多或少会影响到有关党政机关。第三，诉讼参与人。法院的诉讼制度改革均与诉讼参与人密切相关。第四，法律职业共同体，此次法院的某些改革直接与其他法律职业共同体密切相关。第五，公民及组织，在当代社会任何国家司法体系最终的受益者均是该国的全体公民及组织，我国的司法改革也是如此。如在法院内设机构改革中，法院各类人员是核心利益相关方、党政机关是主要利益相关方、诉讼参与人、公民及组织是直接利益相关方，法律职业共同体是间接利益相关方[2]。

（五）外部认知要素

外部认知，在管理学上又称为认知管理，通过管理公众对相关事件和人员的看法，来改变社会公众的行为方式及决策，最终使相关事件和人员获得公众的认可。司法改革的外部认知，则是指社会公众对司法改革的认同情况。任何改革均不能只有内部认同没有外部认同。而且，现在法院内外认识不一致的问题还比较突出，在C市法院表现为：法官辛

---

① Freeman R. E. *Strategic, Management: A Stakeholder Approach*. Pitman Publishing: Boston, MA, 1984.
② 郭彦主编：《优化 协同 效能 人民法院内设机构改革的成都实践》，人民法院出版社2018年版，第230-231页。

劳度与群众满意度、法官荣誉感与群众获得感不完全同向、不成正比例"两大突出问题"。如：基本解决执行难攻坚问题，当前社会公众对法院执行难工作认识存在偏差，将正常的商业风险不当转嫁给法院，把无财产可供执行案件，也认为是法院执行不能、执行不力的后果，加重法院执行难。

（六）媒体资源要素

随着新媒体时代信息传播要素的迅猛发展变化，人民群众对司法改革工作知情权需求不断增长，这对司法改革信息传播提出了严峻挑战。在司法改革过程中，通过生动的司法实践宣传，积极宣传法院司法改革工作成效，可以增进人民群众对法院、法官的理解和认同，增强人民群众对司法改革的信心、信任、理解和支持。对司法改革的宣传，应有别于传统的司法案件宣传，应重点宣传改革的做法成效，即解决了什么难题，取得了哪些好的成效，从而扩大公众对改革的知晓度，提升其对改革的认同感和支持率。如，C市中院开展的刑事庭审实质化改革，之所以在全国范围内取得显著成效，始终处于全国领先的地位，这与新闻媒体资源的充分使用密切相关。

（七）平台机制要素

特定化的平台和机制，既是改革顺利推进的重要载体，也是整合各关联要素的有效空间。在改革过程中建好平台、构建机制，对推进改革具有十分重要的作用。在某些小配套改革中，需要借助一定的平台机制才能发挥改革的合力。如法律适用约束机制改革，该机制就需要借助类案检索平台、指导性案例适用机制、审判规则供给机制、改发机制等诸多平台机制。再如，法院的诉源治理工作，对内需要搭建一审案件质效提升机制、促进生效裁判自动履行机制、法院整体工作提升机制，对外建好诉讼解纷平台，和解、调解、仲裁、公证、行政裁决、行政复议等非诉解纷平台，诉非衔接平台，线下和线上融合平台，从而构建起立体化全天候普惠式诉源治理综合服务平台。

四、进一步推进"小配套"改革的建议

(一)厘定思路,明确改革的基本路径

近几年来包括 C 市法院在内的全国法院改革实践充分表明,寓大于小、以小成大不失为推进司法体制机制综合配套改革的务实进路。寓大于小,即将"大配套"改革的思路、原则、目标、进度、要求等体现、贯穿和落实到统筹规划并切实组织实施好每一个"小配套"改革项目之中,见宏于微,化整为零;以小成大,即通过每一个"小配套"改革项目的具体实施,推动"大配套"改革分阶段、分步骤、分类化有序推进,保障总体要求在"小配套"改革中落实落地,促进"大配套"改革的目标任务充分实现[1]。

(二)精准施策,科学确定改革方案

科学制定改革方案,通过改革方案明确解题思路、责任主体、关键环节和时间节点。对打基础、谋长远的小配套改革,重点做好制度设计,规范化运行机制构建;对于见效快的小配套及其配套改革措施,注重落地落实,加强跟踪;对于对接上级提出的原则性要求的小配套改革,要结合实际在法律和政策框架内进行探索;对于探路性质的小配套改革,要在法律和司法政策框架内大胆进行改革试点;对于问题较多、难度较大的小配套改革,要充分借力借智合力共推[2]。在制定改革方案的过程中,要加强调研摸底,多方论证,确保各项小配套改革方案有实质内容、有管用举措。

(三)综合考量,构建七要素前置评估体系

在推进小配套改革过程中,需要综合运用前述 7 个要素,建立前置评估体系,并根据评估结果分类推进。制度要素重在评估改革的约束性、

---

[1] 陈瑞华教授指出,深化司法改革既要注重顶层设计和统筹配套,更要重视地方法院的鲜活改革实践,并将其中的成功经验推广为普遍的法律规范。参见陈瑞华:《司法体制改革导论》,法律出版社 2018 年版,第 182 页。
[2] 参见辛学平:《习近平改革方法论·牵住"牛鼻子"》,新华网,2018 年 8 月 20 日登录。

规范性；人力资源要素重在评估改革推进过程中的人力资源情况，确保改革推进有力，可持续；对象要素，重在评估实现改革目标的事物，明确改革指向，找准改革症结；利益相关者要素，重在评估改革对利益相关者利益带来的损益情况，以期减少改革阻力；外部认知要素，重在评估改革的外在环境，确保改革与当地实际相结合；媒体资源要素，重在评估相关媒体对改革的宣传报道情况，扩展改革效果，使改革得到社会公众所熟知、认可和支持；平台机制要素重在评估改革推进的载体和运行机制、技术支撑、各要素的衔接，确保改革推进顺畅。根据评估结果进行分类处置：第一，对于要素均具备的改革项目，要加快全面推进；第二，对于多数要素齐备，少数不具备的改革项目，要抓住问题症结，提出改革合理建议，谨慎稳妥推进；第三，对于少数要素齐备，多数要素不齐备的改革项目，要加强改革前期的摸底调查、加强对改革的必要性、可行性论证，采取小范围试点的方式，进行探索、试点。（见图2.1）

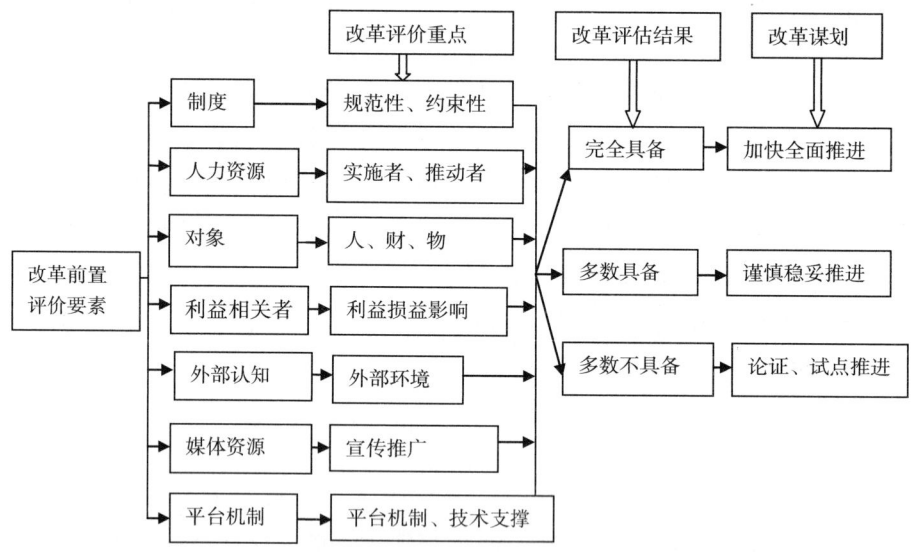

图 2.1 "小配套"改革七要素前置评估体系示意图

（四）夯实根基，加强人力资源配置

任何改革都需要相关主体的推动，就小配套改革而言，人的因素至关重要，法院干警既是改革的推动者，又是被改革的对象，即改革的利益损益方。因此，在改革中要充分考虑到法官的主体作用，要为其办案提供全方位的保障，而不仅仅是待遇、责任、约束和惩戒。从推进改革的角度，既要加强推行小配套改革过程中的组织推进体系建设，明确相关责任，还要建立与改革相匹配的人力资源配置模式。比在司法责任制改革过程中，要实现"让审理者裁判，由裁判者负责"就需要还权法官，构建新型的审判机制。对此，C 市中院于 2016 年 9 月，制定下发《关于构建新型审判团队的实施意见》，组建 38 个新型审判团队，目前审判团队重新调整为 45 个，在审判团队组建过程中将法官作为审判的中心，突出法官职业性特点。

（五）完善方法，健全改革推进体系

任何"小配套"改革均要遵循一定的方法体系，需重点抓好以下几个方面：第一，坚持问题导向，始终以解决问题为目的，综合施策克服小配套改革难题；第二，坚持整合集成，小配套司法改革所涉及的各项改革措施既要整合又要集成；第三，坚持点面融合，既凸显小配套点位上的特色，又整体提升小配套改革效果；第四，坚持研用同步，在加大"小配套"改革理论研究的同时，同步开展实践探索，使两者相得益彰；第五，坚持内外协作，在推进过程中法院内部既协调配合，又要善借外力，合力共推；第六，坚持上下联动，针对小配套改革，既要做好对上的请示汇报争取支持，又要加强法院内部的解释说明，确保改革符合上级要求，获得法院干警认同。

（六）合力共推，妥善处理"四对关系"

在小配套改革推进过程中，要正确处理以下四对关系：一是妥善处理依法改革与务实创新的关系，小配套改革既要依法、依政策进行，又要结合地方实际、法院实际、部门实际、人员情况实际进行创新；二是妥善处理统筹推进与基层首创的关系，小配套改革既要按照中央、省市委、上级法院的决策部署统筹推进，又要发挥中基层法院首创精神，在整体推进中彰显地方特色；三是妥善处理主力主导与借力借智的关系，既要始终把法院作为小配套改革主力,发挥主导作用,又要善于借力借智,共克小配套改革难关;四是妥善处理解决问题与规则提炼的关系,既要解决小配套改革过程中遇到的实际问题,又要形成具有普适性、可复制、可推广的制度体系。

专题六　司法权视角下的案件管理权①

以强化和规范案件审判管理权为重心的审判管理改革正在成为近几年来人民法院改革自身工作机制的重要内容,也是司法改革的一大亮点所在。客观而言,各地法院的探索更多体现出实践性特征,而对审判管理的一些理论问题则不同程度地有所忽视,而法学理论界又有意无意地表露出对审判管理问题的轻视倾向,导致审判管理的一些深层次和本质性问题未能得到深入研究。"尽管法院内部的行政管理对法院的审判会产生某种有时甚至是重大的影响,但是长期以来,在传统的规范性法学研究中,这个问题一直没有得到重视。"②在相当程度上,理论滞后是造成有的法院审判管理改革出现某些偏差的重要原因之一。从长远来看,审判管理改革能否真正取得实效并导向规范和成熟的机制模式,取决于理论层面的深层思考和理性支撑③。而在审判管理诸多问题之中,最根本

---

① 应当说明,笔者系在狭义语境上使用上司法权概念,即司法权主要是指审判机关依据国家宪法和法律规定而行使的审判权及其他相关权力,主张案件审判管理权属于司法权"第三权"也是从这一意义上而言。
② 苏力:《论法院的审判职能与行政管理》,载《中外法学》1999年第5期。
③ 客观地讲,理论研究与司法实践的疏离与脱节,仍然是影响司法改革理性深化的重要原因之一。正如有的学者所言,由于近些年来我国法学研究所采取的知识——文化法学进路,"法学研究的'问题源'更多地产生于法学人在知识谱系中所形成的某些认知,而实践中存在的大量需要从理论上加以讨论的问题,则很难进入到法学人的视野"(顾培东:《也论中国法学向何处去》,载《法学研究》2009年第1期)。陈瑞华教授指出,"在司法改革问题上,当前最需要的是对一系列基本理论问题的冷静分析和对一些司法改革举措的理性反思"(陈瑞华:《司法权的性质——以刑事司法为范例的分析》,载李富成主编:《北大法治之路论坛》,法律出版社2002年版,第369页)。胡夏冰博士认为,"我国既存的司法改革实践是在缺乏对司法权基础理论问题认真研究的基础上展开的……这不仅增大了司法改革的成本,同时也不利于改革目标的实现"(胡夏冰:《司法权:性质与构成的分析》,人民法院出版社2003年第一版,第333页)。

的则是案件审判管理权的定性、功能和运行机制问题。案件审判管理权是否存在？其法理基础、制度依据和实践需求来自何处？案件审判管理权的性质是什么？案件审判管理权是否属于司法权体系，在其中又当如何定位？如果不能证明案件审判管理权的法理基础、制度依据和实践理性，则以强化和规范案件审判管理权为主要内容的审判管理改革就失去了存在根基，将面临改革正当性资源不足甚至缺失的严峻拷问，这一改革不仅将难以获得司法实务界和法学理论界真正的认同，也难以取得真正的成功。

一、法理基础

案件管理权系指人民法院基于公平、迅速地审理案件和公正裁判的需要，而对案件审理中相关事项进行管理、监督的各项权能的总称。案件管理权存在具有法理上的合理性，首先避不开对司法权的性质和权能构成的分析。关于司法权的论述很多，以致学者都感叹"要准确界定司法权是什么从来都不十分容易"[①]。我国学者对司法权的性质进行了多年的研究讨论，先后出现过"大司法权说""三权说""两权说""多义说"等观点流派，20世纪90年代以来学界又先后提出"判断权说""裁判权说""权威说""社会权说"等新的主张。但多数观点流派很少真正深入到司法权的内在结构之中，特别是几乎没有从审判管理的角度去分析和认识司法权，因而也未能真正回答并解决今天的司法面临的实际问题。尤其需要指出的是，近些年来学者们提出的不少观点特别是新的主张大多持一种纯化司法权观，比如认为司法权是一种判断权、裁判权或者权威等等，司法权不仅不包含管理性，甚至是排斥审判管理的。上述观点之所以会出现以偏概全和排斥管理的缺陷，存在三个重要原因：一是有些学者在界定司法权本质时始终是以法官个体作为主体对象，并没有考虑到我国法官实际上是在审判机构之下通过审判组织来发挥作用的这一基本事实，因此法官行使审判权没有也不可能是完全的个体行为。其次，

---

① [英]詹宁斯：《法与宪法》，龚祥瑞译，三联书店1997年版，第165页。

这种基于西方理念和制度而形成的关于司法权本质的所谓"理想图景"还忽略了我国宪法规定的是人民法院集体而非法官个体依法独立行使审判权这一前提。再次，认为将管理权能引入司法权可能导致或者将加重司法权的行政化倾向。笔者认为，司法权从其性质和内涵来看，都必然包括管理权能特别是案件审判的管理权能，此种权能是支持案件裁判权正确行使的必不可少的辅助和保障。其理由如下：

第一，司法权的运行始终以具体案件为载体，其本身内含了对具体案件审判过程的管理需求。实际上，无论从何种角度界定司法权的性质，都离不开审判案件。一个多世纪以前，托克维尔精辟地分析过司法权的三个特征：裁决纠纷案件；针对私权争议；需由当事者启动①。明确司法权是以纠纷存在为前提、以审判案件为己任、以解决纠纷为目的，对认清司法权的性质主权能结构都具有至关重要的意义。司法权的行使始终围绕案件这个中心，公正高效地审理各类案件，也始终是人民法院最基本和最重要的职责。而在案件审理过程中，判断和裁决诚然是核心所在，但没有对案件审理中各种辅助性事务的恰当安排、管理和监督，法官的判断和裁决都是不可能的。那种认为司法权仅仅是判断或者裁判权而不包括管理性权能，甚至认为司法权具有管理性权能就等同于司法权行政化的主张，既不符合司法权的性质，也有违司法权的运行规律，同时也脱离了司法权运行的实际需要。司法权固然以案件裁判为核心，但同时包括了从案件受理、诉讼指挥、程序推进、证据采信、事实认定到作出裁判等一系列案件管理权能行使过程。在此意义上讲，笔者认为，司法权的性质可以界定为是以案件裁判为中心并包括案件管理在内的、以纠纷解决和规则引导为目标的国家权力。

第二，司法权的社会性回归需要对审判信息交涉和共享过程的有序管理。值得注意的是，司法产生于社会组织内部解决纷争的原初需要，有了纠纷便有了专事纠纷解决的司法活动，实体法不过是在司法活动多次重复和积累归纳中产生的②，因此司法权产生的历史本源在于其社会

---

① [法]托克维尔：《论美国的民主》（上），董果良译，商务印书馆1997年版，第110页。
② [日]谷口安平：《程序的正义与诉讼》，王亚新译，中国政法大学出版社2002年版，第64页。

性而非国家强制性,它在向现代司法权演进的过程中"保留了其社会权的性质,并逐步成为政治化了的国家权力",同时,由于现代社会矛盾纠纷的多样性和复杂性,"司法权在被高度国家强化的同时,又呈现出一种向其社会性回归的强大趋势"①。司法权社会性的某种回归似乎可以为近些年来多元化纠纷解决机制的勃兴和对司法调解的高度重视提供新的理论注脚和理性支撑,也表明司法权正当性资源并不都来源于国家,重视社会对司法的参与将为司法权的顺畅运行并提升其社会公信提供新的契机。司法权的社会性还表明,法院案件的管理还并非一种单纯的自我管理,同样具有某种哈贝马斯商谈论的特征,即法院需要在审判事务上更加注重与社会公众之间的互动沟通、信息交流,也应当使公众对司法权运行有更多的决策了解和参与权。无论从工作理念还是从实际操作来讲,这都将是一个对审判事务和司法信息更加注重管理、配置和共享的过程。

第三,司法权功能的现代转型对案件管理的需求正在进一步增强。经典司法应对的更多是常规型传统纠纷。20世纪下半叶以来,司法权运行的社会环境已经发生了深刻的变迁,司法权功能面临着新的需求、新挑战:一是现代型纠纷和非常态纠纷日渐突出,迫使司法权的运行更加注重管理。现代型纠纷是在现代工商社会背景下伴随着经济发展的结构性转型和市场经济规则的不断完善而涌现的新类型纠纷,比如产品责任、环境公害、消费者保护、医疗事故等等纠纷案件,此类纠纷量大,且处理结果对社会不特定公众的影响远大于传统型案件。非常态纠纷则是指在传统和常规程序框架内难以容纳和消化的纠纷案件,此类案件的绝对数量可能不大,但其处理难度却远大于普通案件,仅凭法官个人往往难以恰当处理。这两种案件都属于朗·富勒所称的"多中心"问题,其中有些纠纷"就其本质而言并不适宜单纯的裁判方式加以解决,这些问题一般涉及利益和因素交织的复杂的网"②。这就要求法官不能仅仅满足

---

① 程春明:《司法权及其配置》,中国法制出版社2009年版,第253页。
② [英]卡罗尔·哈洛等:《法律与行政》(下),杨伟东等译,商务印书馆2004年版,第1097页。

于单纯从法律角度给出判断——而且这种判断常常并不能真正解决实际问题,更需要法官审慎考虑案件的时代背景和社会因素,善于发现案件中复杂交织的法律问题与社会问题并予以审慎分析。第二,现代司法功能的双重角色需要更多和更有效的管理。现代社会中的法官既是纠纷案件的裁判者,同时还必须是矛盾问题的解决者。解决纠纷比判断是非更需要对案件涉及的多种因素进行管理,尤其在一些富有争议性和易于引发媒体关注的案件中,法官无法回避社会民意、媒体舆论的影响,这也需要法官对案件审理过程施以强有力的管理,才能确保案件审理不受非法和不当干预。第三,现代司法对司法权运行的可接受性的强烈关注也需要案件管理的有效介入。与传统司法相比较,现代司法更加"强调社会的可接受性,重视社会的反应和评价,司法决定符合社会的要求和价值取向,这确实是中国司法应有的一个出发点"[①]。没有有效的案件管理做保障,仅仅靠法律上的价值判断,司法权运行的可接受性将难以得到充分的实现并获得有效的保障。

二、制度依据

我国宪法、人民法院组织法、法官法和三大诉讼法均未提及案件管理权一词,但从司法制度和法律规定内容来看,界定案件管理权是有充分制度和法律依据的。

第一,从我国宪法规定的审判权集体独立行使原则来看。前文已经述及,我国宪法规定了审判独立原则,明确规定人民法院依法独立行使审判权,不受行政机关、社会团体和个人的干涉。我国审判独立原则与西方国家司法独立最根本的区别在于,西方国家的司法独立虽然也包括了职能独立、机构独立和个体独立等多项内容,但其实质在于法官个人的独立,而我国的审判独立是指人民法院的集体独立。严格意义而言,我国审判权的法定行使主体是人民法院而不是法官个体本身,这体现在案件审判过程的全部环节,仅仅从判决书上就可以得到充分反映,比如

[①] 季卫东:《秩序与混沌的临界》,法律出版社2008年版,第166页。

对案件是"本院受理",审理是"本院在审理过程中",证据是"本院予以采信"或者"本院不予采信",事实是"本院查明",说理是"本院认为",上诉也是向上一级人民法院而不是向上一级法官上诉,等等。因此,法官参与对具体案件的审理工作,并不是仅仅依靠其具备法官资格和良好的职业操守,还必须通过法定程序和适当方式,并且其具体审理过程和结果也必须符合人民法院集体独立的实质要求,具备集体独立的形式外观。简单地讲,任何一名法官都必须通过审判机构的管理才能参与到特定审判组织当中,成为该审判组织的合法成员,从而担负起案件审理工作。就此而言,法官参与审判案件中体现出的审判管理权,是宪法规定的审判权集体独立行使原则的必然要求和逻辑结果。没有案件审判管理权,宪法规定的集体独立原则将因无法获得可操作性而成为无源之水、无本之木。

还必须指出的是,审判权集体独立行使原则不仅内含了通过审判机构的管理法官才能依托审判组织参与审理案件的运行机理,实际上也回答了这样一个问题,即与西方国家特别是美英司法制度比较而言,为什么我国法院更强调和更需要案件审判管理权。

第二,从我国司法制度的"审判组织与审判机构"双轨制架构来看。我国宪法规定,人民法院是国家的审判机关。人民法院组织法规定,人民法院由院长一人,副院长、庭长、副庭长和审判员若干人组成;人民法院审理案件,实行合议制,合议庭由院长或者庭长指定审判员一人担任审判长;院长或者庭长参加审判案件的时候,自己担任审判长;各级人民法院设立审判委员会,实行民主集中制。三大诉讼法也对审判组织与审判机构的具体权责作了相应规定。很明显,我国司法制度不同于西方国家的根本特征在于,法院内部同时存在着审判组织和审判机构两套权责架构,前者行使审判权,负责案件审理和裁判事务;后者行使案件审判管理权,负责案件审理过程中的司法事务的具体管理。进一步分析,审判组织不仅与审判机构同时并存,各居其位、各应其事、各负其责,并且审判组织是通过审判机构的管理来获得并行使案件审判权的。可以说这是我国法院制度最具本质性的特征之一,正是这种双轨制模式为我国法院案件管理权的存在提供了最基本的制度化依据。①

需要指出的是,由于审判组织的审判权与审判机构的审判管理权共存于法院内部,实践中不可避免地存在交叉现象,而我国现行法律规定对两权之间的权力界限、行使条件、行使方式、权力目的以及救济方式尚未作科学区分和具体界定,客观上也加重了审判管理权与审判权的混淆。长期以来司法实践中存在的审判管理权要么被审判权挤压排斥而边缘化、要么审判管理权侵蚀审判权而行政化的"管理两极化"现象,在很大程度上与上述原因有关,这是需要在审判管理改革中高度重视和切实改进的问题。

第三,从我国法院组织法和三大诉讼法对审判机构管理职责的具体规定来看。仔细分析法院组织法和三大诉讼法的规定,可以发现除审判组织在审理中必然和附带担负的案件管理职责外,对审判机构的案件管理职责的规定可谓无处不在,既有针对具体案件审判过程的管理,也有针对非个案司法事务的管理;既有较宏观的弹性条款,也有非常具体的操作性规定。在针对具体案件审判过程的管理方面:一是体现在程序推进与程序审批方面,比如诉讼法对法院内部上下级管辖分工以及指定管辖、转移管辖的规定,属于审判管辖的管理;又如直接规定合议庭的审判长由院长或者庭长指定审判员一人担任,其实这"并不是对其审判职责的规定,也不是对审判权限的分配,而只是对审判活动中不可避免的、附属性的行政管理职责的一种分配"②,属于审判组织的管理;又如申请顺延审理期限的是否准许由人民法院决定,案件一审审限有特殊情况需要延长的由本院院长批准等,属于审判期限的管理。二是体现在案件审核方面,比如本院院长发现已生效裁判确有错误,认为需要再审的,应当提交审判委员会讨论,属于案件事后审核管理。之所以认为上述行为属于审判管理行为,还因为从审判程序的特性来看,上述针对具体案件审判的管理行为虽然发生在案件审理进程中,但这些管理行为本身并

---

① 笔者认为,这一双轨制架构使我国的司法运行过程更多地体现出达玛什卡所指的科层型司法的特征,而在科层型司法语境下,案件质量控制作为一种审判管理手段恰是公正、有序的司法活动的重要保障。参见[美]达玛什卡:《司法和国家权力的多种面孔》,郑戈译,中国政法大学出版社 2004 年版,第 75 页。

② 苏力:《论法院的审判职能与行政管理》,载《中外法学》1999 年第 5 期。

不属于也不具备纯粹的审判程序特征，而且作为审判管理主体的院长、庭长大多数情况下也并非案件审判组织成员，本身并不直接负责或者参与案件具体审理工作，因此上述行为体现的显然不是作为审判组织的法官的审判意志，而是作为管理主体的审判机构负责人的管理意志。但不得不指出的是，我国人民法院组织法和三大诉讼法对审判管理职责的规定虽然较多，但在系统性和全面性上仍有待完善，尤其是针对从院长到审判法官在审判案件中的多个不同层级的管理责任。

在针对非个案司法事务的管理方面同样有大量规定，而且涉及范围更加宽泛，包括法院内设机构、人员编制；人事管理、教育培训、目标考评；法院物质基础设施、法庭建设和信息化建设；法院诉讼费管理、办公经费管理；司法案件的整体管理、质效评估、数据统计和使用；信息、司法调研、法制宣传；车辆、通讯、物业等综合后勤管理等等。应当指出的是，上述管理虽然并不与具体个案直接相关，其实质属于法院内部的司法行政事务，但这些事项从整体、基础和根本上关系到审判工作的正常运行和审判权的正确行使。离开了司法事务的管理权，审判权将无法顺利有效地运行，具体案件的公正高效裁判也就无从谈起[①]。因此，在一个更广泛的意义上看，非个案司法事务的管理同样构成法院大审判管理的重要组成部分。当然，前述只是总体而言，基于科学管理和规范管理的需要，非个案司法事务还可分为一般性事务和对审判权运行有重大影响事务，对后者管理的重要性应强于前者。

三、实践动力

应当承认，我国各地法院近些年来推行的强化审判管理改革，实际上并非在审判管理的理论研究相当深入和完备并能提供理念指引的情形下启动实施，相反，这一改革在很大程度上来源于法院自身解决司法权运行中突出问题的迫切需要。换言之，至少在审判管理改革的前期而言，实际上正是法院审判工作中长期以来存在的诸多难题为界定和强化案件

---

① 胡夏冰：《司法权：性质与构成的分析》，人民法院出版社2003年版，第242页。

审判管理权提供了最初的原发性动力和实践性需求。近些年来，C市法院审判权和审判管理权改革，正是以司法实践中的现实需求为原动力而推进的理性改革。目前，这一改革已经取得了重要的阶段性进展，从理论上初步理清了审判权和审判管理权的相互关系和权责边界，从制度上构建了审判权和审判管理权科学运行、有效监督制约的机制和模式，从实践上证明了审判管理权存在并通过规范审判管理权实现有效保障审判权正确行使目标的现实合理性，其改革实践得到了最高人民法院、S省高级法院的充分肯定，受到学界持续关注，也得到了包括《人民日报》《人民法院报》《人民司法》《中国审判》等在内的权威主流媒体的报道跟踪，其改革思路和经验值得认真思考和借鉴。

（一）解决审判质效的突出问题

实际上，就司法权运行的实际状态来看，大部分法官其实都是在积案压力和裁判被撤销威胁的双重约束下从事审判工作的。正如波斯纳所指出的，一个称职的法官确实不能随心所欲地办案，否则他的被撤销率可能高得令人尴尬，因此积案的压力会促使他努力工作，而被撤销的威胁又会让他谨慎工作①。近些年来，全国法院受理的纠纷案件数量一直呈持续上升态势，在某些地方甚至接近于所谓的"诉讼爆炸"。客观地讲，近些年来人民法院确实及时和妥善调处了大量案件，但同样不能否认的是，当事人和社会公众对个别案件裁判不公、质量不高、效率低下的反映比较强烈。同时，在有的地方、有的法院，部分案件上诉率高、二审改判发回重审率高和服判息诉率低成为困扰法院审判工作的一大难题。

---

① [美]波斯纳：《法官如何思考》，苏力译，北京大学出版社2009年版，第130页。波斯纳法官在该书中讲到一个有意思的现象，说美国许多联邦地区法官对美国法院管理局汇编的案件统计数据季报非常敏感，因为那展示一位法官有多少件案件被告诫处理时间超过了特定时间长度，以致法官会在报告期结束前拒绝某个案件，在下一个报告期开始时又可以重新提出此案，以便改善自己的统计数据（这令人想起我国个别地区有的法院和法官在司法统计年度即将届满时往往不乐意受理新案，因为这样会使审判质效数据下降）。联邦地区法官同样也不喜欢自己的司法决定被撤销，毕竟裁判被撤销可能隐含了批评而不仅仅是分歧。这表明，虽然属于不同法系传统和制度模式，但从审判管理角度来看，审判质效数据对法官的影响确实明显和重要，也表明审判质效数据可以成为审判管理的一个重要手段和引导途径。

审判质效"两高一低"表象的背后，潜藏的实际上是法院内部长期存在的审判主体职责不清、运行机制不顺、管理监督缺位的实际问题，相当部分质量不高案件都与此有关。要真正解决审判质效中存在的突出问题，唯有认清症结背后的真正原因，从强化和规范审判管理入手，分清主体权责、理顺运行机制、强化刚性管理，才能促进审判质效的可持续提升和机制化保障。

（二）破解涉法涉诉申诉上访困局

长期以来，涉法涉诉信访现象一直困扰着各地法院，近几年来这一现象更为突出，在某些地方、某些法院信访率高居不下，给法院工作带来很大压力，在极个别地方某个时期甚至连正常工作秩序都难以维持。应当承认，涉法涉诉信访中确有部分案件存在这样那样的质量问题，还有一部分案件甚至并无质量问题却因为技术性瑕疵或者法院人员工作作风较差而引发当事人反复上访，如何破解涉法涉诉信访困局成为摆在人民法院面前的一道难题。不少法院也采取了集中清理信访案件、实行领导包案、创新信访工作机制、加强与政府部门和相关机构的协调配合等措施，取得了积极成效。但要从根子上解决问题，还是要从强化管理、监督到位、严格制度执行、增强责任心等方面入手，才能逐步将信访率降下来，为扭转信访困局、破解信访难题奠定基础，创造条件。

（三）增进司法的可接近性和公信力

西方国家司法改革进程中，司法成本高昂、司法难以接近一直为社会公众所诟病，控制司法成本、建设成本低廉、方便利用的现代司法，也成为西方国家司法改革的目标之一。应当说，我国司法成本问题与西方国家相比可能并不突出，但应当引起重视的是，普通民众诉讼难现象的确存在。而且不能仅仅将司法成本理解为诉讼收费的高低，司法活动中还有一些隐性成本影响着司法的可接近性，比如司法程序是否易于理解和推进，司法便民设施的实际利用率，以及司法人员的职业素养和工作作风等等，实际上都可能对司法成本问题产生影响。不容否认的是，司法活动成本高昂将很可能会妨碍民众的诉诸司法实现权利的愿望，从而使司法自身功能难以得到有效发挥,正如棚赖孝雄指出的,"面对现代社会中权利救济大众化的要求的趋势,缺少成本意识的司法制度更容易产生功能不全的问题"。①要解决这一问题,也必须通过强化审判管理,实现审判资源的优化配置和有效利用,减少司法成本消耗特别是隐性成本消耗,增进民众对司法的信任和信心。

(四)减少和预防司法不廉

坦率地讲,司法不廉只是针对极个别司法人员的问题,不应就此否认大多数司法人员的清白操守。但问题在于,个别人的不廉行为足以从根本上动摇甚至破坏公众对司法廉洁的信任。从司法人员违法违纪违规情况来看,绝大多数都发生在案件审判和执行场合,而且基本上都与管理缺失、监督虚化相关。因此,要减少和预防司法不廉,除了加强司法人员的教育培训和违法违纪案件的查处外,强化审判管理同样是不可缺少的重要环节和手段,只有通过到位、规范的管理和监督,才能真正堵塞制度漏洞、封闭寻租空间,最大限度地促进和保持司法人员的廉洁自律。

四、域外借鉴

据了解,目前国外法院管理模式,大体上可以归纳为以下四种模式:一种是以美国、日本等国为代表的法院自我管理模式;第二种是以法国、德国等国为代表的以政府司法部为主导的司法部管理模式;第三种是以瑞典、意大利等国为代表的由最高法院首席大法官担任主席的独立的司法委员会管理模式;第四种是以加拿大等国为代表的混合型管理模式②。另外,值得注意的是,一些国家司法改革中出现了新的趋势,即将司法

---

① [日]棚赖孝雄:《纠纷的解决与审判制度》,王亚新译,中国政法大学出版社2004年版,第267页。
② 参见最高人民法院司法改革小组编:《美英德法四国司法制度概况》;宋冰编:《读本:美国与德国司法制度与诉讼程序》;陈业宏等著:《中外司法制度比较》;孙谦、郑成良编:《中国的检察院、法院改革》;最高人民法院与荷兰驻华大使馆主办的"法院管理制度改革比较研讨会"相关资料。

行政权与普通行政权相区别,列入司法权,由司法机关行使①。这也给予我们启示,虽然从理论上讲,司法行政权有别于司法权,但基于制度和操作而言,司法行政权确实可以纳入司法权体系,以更好地服务和保障司法权的正确和顺畅运行。

总的来说,美国联邦法院系统的管理模式具有如下特点:一是实行统一的法院自我管理模式。二是美国联邦最高法院在管理联邦各巡回上诉法院和地区法院方面享有很大的权力。三是权力集中的趋势比较明显。特别是联邦司法委员会和联邦法院行政管理局建立后 50 多年间权力一直在不断增强,反映出司法部门内部权力集中的趋势。四是法院并没有实现完全和充分的自我管理,仍必须求助于行政部门的帮助。进入 20 世纪 90 年代以来,美国司法成本过度膨胀和诉讼迟延现象突出引发社会对司法的强烈不满和信任危机,美国开始酝酿和推进以民事司法为重点的第三次司法改革。1991 年,时任美国副总统的奎尔担任主席的总统委员会正式提交了民事司法改革的报告即奎尔报告。针对美国司法制度存在的弊端,奎尔报告集中提出并讨论了三项改革建议:一是减少通过民事司法解决纠纷的需求;二是改革司法案件的管理制度;三是改革律师收费制度,使胜诉者费用转由败诉方负担。总的来看,奎尔报告的建议实际上更多地集中在强化案件审判管理方面,报告号召美国法官们切实"承担起案件管理的责任"的建议也先后得到美国律师协会蓝皮书和美国布鲁克斯研究所报告的支持。比如布鲁克斯报告明确要求法官"在管理案件方面起到更加积极的作用",美国律协报告也坚持认为"法官必须担负起真正控制诉讼步调的责任,并积极管理案件解决过程中的各种事项或者就日程安排作出指示"。美国律协蓝皮书还就强化案件审判管理进一步认为,"从根本上说,案件管理是一项由法院控制的制度,法院用它来设定案件从起诉到结案各个阶段的时间,管理各个案件确保既定的时限之满足,并采取强制管理措施使背离日程安排案件回归正道"②。美国联邦司法中心曾经将有效的案件管理概括为五个特征,即主动性、实质

---

① 陈业宏等著:《中外司法制度比较》,商务印书馆 2001 年版,第 158 页。
② 转引自汤维建:《美国民事司法制度与民事诉讼程序》,中国法制出版社 2001 年版,第 291-293 页。

性、时限性、持续性以及可确定的公平性①。当然，正如有人指出的，尽管加强案件管理的呼声日益高涨，"尽管出现司法干预诉讼行为的范围和频率增大的趋势，但美国法官极端的回应姿态却难以寿终正寝，纯粹纠纷解决型安排的痕迹仍随处可见。"②

20世纪下半叶以来，英国民事司法成本高昂、诉讼迟延等弊端日显，司法制度"面临的形势不仅难以令人满意，而且是不可容忍的"③。由于面临多方面的批评和压力，1994年3月，大法官沃尔夫勋爵受托负责对英国民事司法制度进行深入的调查评审，1996年7月关于英格兰及威尔士民事司法制度改革的最终报告以"接近正义"为题正式发表，此即著名的"沃尔夫报告"。报告提出，要彻底改变过去当事人对诉讼的一种漫无边际的控制，变当事人的主动为法院的主动，实施旨在由法院而不是由当事人对案件的进行负全部责任的"案件进行管理"制度④，并用两个专章对强化案件管理的需要和途径进行了详尽阐述，特别是法院必须严格地确定审理的时间表，并施以严厉的司法控制和由法官亲自抓的案件管理，使之成为一种秩序。沃尔夫报告的多数建议为1999年4月26日生效的英国新《民事诉讼规则》所采纳。总的来看，新《民事诉讼规则》明显强化了法院对诉讼的干预和对案件的管理，以促进司法的可接近性目标，即欧文勋爵所概括的"更快捷、更经济、更简便、更公正"⑤。

加拿大司法改革中也逐步在加强对案件的管理。1993年，加拿大安大略省一份官方评估报告提出，案件管理应当成为一个综合性制度，它包括了对诉讼时间和诉讼事项的管理，从诉讼开始直到终结；案件管理

---

① *Manual for Complex Litigation* (3rd)1994, Federal Judicial Center, Washington DC.
② [美]达玛什卡：《司法和国家权力的多种面孔》，郑戈译，中国政法大学出版社2004年版，第168页。
③ David Gladwell: "Modern Litigation Culture: The First Six Months of the Civil Justice Reforms in England and Wales", *Civil Justice Quarterly* Vol. 19, January, 2000, pp.10.
④ 据了解，该制度来源于美国，1983年被《美国联邦法院民事诉讼规则》第16条正式采纳。参见江伟、刘荣军：《英国民事诉讼制度改革的新动向》，陈光中、江伟：《诉讼法论丛》第1卷，第377页。
⑤ 欧文：《向民事司法制度中的弊端开战》，载《人民司法》1999年第1期，第53页。

的两大组成要素始终是对预定事项的管理和预定时间的监督[①]。同时还有人指出，案件管理应当被适用于绝大多数争议诉讼，包括那些不得不进入正式审理的案件，而且可以将管理的重点进一步扩展[②]。来自多伦多市的一份研究成果证实，1994年该市法院实施了案件管理的案件的处理效率是未实施管理的案件的两倍[③]。

  西方国家的案件审判管理实践反映出：第一，美、英等国作为当事人主义诉讼模式的代表国在20世纪末以来相继强化和改进案件管理，并赋予法官以更大权责推进案件管理，表明即使在不同的法系传统和诉讼模式下，强化审判管理同样对保障案件审理的公正快捷和增强司法的可接近性具有积极意义。第二，审判管理的具体模式总是与各国不同的政治、经济、文化和社会以及司法制度的传统与现实相联结，保持一种同质性。因此，改革法院审判管理模式，必须充分考虑本国司法制度、法文化传统，把握司法制度运作的具体环境，切忌简单地照抄照搬。第三，审判管理模式的多样性表明，并不存在一种放之四海而皆准的管理模式，实用性而不是理想性应当成为选择审判管理模式的基本标准。第四，在有助于维护和实现司法公正的前提下，注意充分吸取现代管理理论研究成果，学习和借鉴先进的现代管理理念，不断创新法院管理的具体制度，才能使法院管理制度做到与时俱进，最大限度地适应和满足法院工作的实际需要。

  值得注意的是，西方国家推行案件管理的目的旨在解决案件审理迟延难题，我国强化审判管理除了提升效率的考虑，亦重在保障案件的公正裁判和社会效果。同时，西方国家基于法官个体独立的制度设置，在很大程度上将案件管理的具体职责直接赋予了审判案件的法官本身，换言之，审判组织与审判管理主体基本上保持了同一性。但在我国，由于审判组织与审判机构的双轨架构，相当时期内审判组织与审判管理主体也将反映出更多的二元化特征，这是我们在推进审判管理改革中必须把握的司法国情，绝不能盲目照搬西方国家的改革作法。

[①] *Caseflow Management*. An assessment of the Ontario pilot projects in the Ontario Court of Justice, Ministry of the Attorney General, Ontario 1993, p.4.
[②] Ontario Civil Justice Review (March 1995, p.171).
[③] 转引自 *Access to Justice*. The Woolf Interim Report, p.25.

五、明确案件管理权的司法权定位

对司法权权能结构的划分直接关系到审判管理权在司法权体系中的定位以及与其他权能的相互关系,应当予以重视。对司法权的权能结构,学者们多有争议。有的学者将其划分为审判权、法律解释权和司法审查权三项[①],有的将其归纳为案件受理权、审判权、司法事务管理权、司法解释权、程序规则制定权以及司法审查权六项[②]。笔者认为,上述划分均不同程度存在缺陷,三分法过于简单,并未真正涵括法院司法权能的实际构成。但更严重的问题在于,两种划分法均将美国司法中的司法审查权当作我国司法的一大权能,这既有违我国宪法规定的人民代表大会制度所确定的司法权向立法权负责并受立法权监督的原则,我国司法制度和实践中实际上也没有司法审查权生存的制度空间。另外,程序规则制定权和司法解释权仅属于最高法院,真正担负着最大量纠纷案件审判重任的高、中级和基层法院并不享有这两项权力。对司法事务管理权的划分的确说明了法院既担负着审判案件和裁判职责,又承担着案件审判过程中的管理职能。只是这种划分又太过粗疏,没有区分法院内部不同性质的案件性和非案件性司法事务,也不能科学地反映法院内部审判管理的现状和需要。

必须明确,案件审判管理权虽然从行使方式和手段上看具有某种行政管理属性,但从其价值取向和权能时空上看同时又具备审判权特征,而且其行政管理属性是从属和依赖于审判权的。因此,从本质上讲,案件管理权属于司法权体系,应当在司法权能结构中具备重要定位。笔者认为,除专属于最高法院的程序规则制定权和司法解释权外,就其他三级法院而言,司法权实际上主要包括四项权能,即案件审判权、案件执行权、案件管理权和司法事务管理权。这四项权能中,案件审判权、案件执行权早已为法律所明确规定且已得到广泛承认,司法事务管理权近些年来也得到了较普遍的认同,唯有案件审判管理权虽具有实质合理性,但因研究不深、认同度不足而仍面临"生存危机"。基于进一步推进司法

---

① 汪习根主编:《司法权论》,武汉大学出版社2006年版,第96页。
② 胡夏冰:《司法权:性质与构成的分析》,人民法院出版社2003年版,第235-266页。

改革、完善中国特色社会主义司法制度的制度建构和实践需要，应当明确赋予案件管理权在司法权权能结构中的相应定位，同时也突出其服务和保障审判权的重要性。其中：（1）案件审判权属于核心权能，在司法权体系中处于主导地位，其他权属于辅助性权能，起着服务、保障的作用，居于从属地位。必须强调，司法权体系中的其他三权本身不是目的，而是为着更好地服务和保障案件审判权的正确行使。这些辅助性权能虽然各不相同，行使方式有异，但均存在共同特征，即都在不同程度上具有管理性内容，其实质是一种管理性权能。（2）执行权属于法院内部的行政权能，且以执行生效裁判文书为职责和目的，其行使过程同样具有很强管理性，其性质仍属司法行政权。（3）案件管理权是针对具体个案的审判行使，是结合特定案件而存在的审判管理权。（4）司法事务管理权泛指非针对个案的审判事务和法院综合保障事务的管理，执行权针对并包括执行过程中对相关事务的管理，是一种与案件管理权相对的非个案性审判管理权。

就案件管理权而言，以案件审理为中心，笔者认为可以划分为诉讼指挥权、程序审批权、案件审核权和其他辅助性管理权。

1. 诉讼指挥权

诉讼指挥权系法院为在监督诉讼程序合法进行，谋求完全、迅速的审理，尽快解决纠纷的条件下所进行的活动及其权能的总称[①]，主要内容包括：（1）有关诉讼推进的行为，如指定期日、期间伸缩、程序停止。（2）关于审理事项之整理。（3）于期日的诉讼行为的整理。（4）举证责任的分配。（5）防止因当事人之懈怠而导致诉讼迟延。[②]诉讼指挥权及于诉讼进程全部，其行使并不局限于推进程序，还包括追求程序合理进行，与其说是程序性审判权，不如说是典型的案件审判管理权。我国民事诉讼法并没有规定诉讼指挥权，但多处相关规定涉及诉讼指挥行为，事实上的诉讼指挥行为是存在的。笔者建议民诉法应进一步修改，明确赋予具体案件

[①] [日]三月章：《日本民事诉讼法》，五南图书出版股份有限公司1996年版，第199页。

[②] 台北《法学丛刊》第168期，第142-143页。

审判组织诉讼指挥权。

2. 程序审批权

程序审批权即就审判程序进行中就需要采取或者存在争议的相关程序性事项进行审查并作出决定的权力，比如当事人及代理人诉讼主体资格的争议、案件管辖争议、财产保全和证据保全、审理期日调整和审限延长等等。目前这方面存在的突出问题是程序审批权过度集中于院长和庭长，应当进行改革，适当缩小其程序审批权范围，赋予具体案件审判组织在程序事项上的更大管理权，毕竟具体案件的审判组织才是审判程序的具体推进者和引导者。

3. 案件审核权

案件审核权系指案件审理中，院长、庭长等审判管理主体依权限和程序，就应当报请审核的重大、敏感案件的实体事项进行审核，并提出建议的权力。在我国社会纠纷连年上升形势背景下，一段时间内为保障部分重大敏感案件的妥善处理，赋予院长、庭长案件审核权是适当的，但案件审核权涉及案件的实体判断这一重大问题，需严格限定审核案件的种类和范围，并界定行使条件、程序和方式，防止因不当行使而侵蚀审判组织的案件裁判权。

4. 其他辅助性审判管理权

必须强调的是，案件审判管理权虽然重要，但不应将其凌驾于案件审判权之上，应当始终定位于服务和保障案件审判权的正确行使，促进司法公正和效率，这是案件审判管理权必须坚持的价值目标。

专题七　审判委员会指导作用的实证分析

审判委员会作为人民法院内部的最高审判组织，在通过司法裁判促进和深化法律适用统一的进程中承担着极为特殊的角色和责任。可以说，只要是重大疑难案件中的法律适用问题，最终都绕不开审判委员会。同时，近些年来审判委员会受到的质疑和压力也越来越大，审判委员会究竟向何处去已经成为无法回避的现实问题。笔者以 S 省 C 市中级人民法院作为调查样本，通过对近两年来该院审判委员会作为最高层级审判组织和最高审判指导机构指导作用发挥情况的实证分析，真实了解、客观评价审判委员会在通过指导促进和深化法律适用统一、实现审判运行多元价值中的实际效果、主要问题，对审判委员会的角色定位、职能创新提出改进建议。

一、现行制度架构与职能定位

审判委员会作为人民法院最高审判指导机构审判委员会的制度依据首先来自《人民法院组织法》第十条规定，"各级人民法院设立审判委员会，实行民主集中制。审判委员会的任务是总结审判经验，讨论重大的或者疑难的案件和其他有关审判工作的问题"。其次是三大诉讼法特别是刑事诉讼法，诉讼法对审判委员会的规定更多地侧重于运行操作层面。再次是最高法院司法政策文件。对审判委员会作为法院最高审判组织的法律属性和制度定位，无论人民法院组织法和三大诉讼法均没有直接作出明确界定。当然，刑事诉讼法规定，重大疑难案件合议庭经评议认为难以作出决定的，提请院长决定提交审判委员会讨论决定，审判委员会作出的决定合议庭应当执行，这足以说明审判委员会是法院最高审判组织。1999 年，最高人民法院《人民法院五年改革纲要》首次明确规定"审判委员会作为法院内部最高审判组织"。就此而言，审判委员会作为人民法院最高审判组织的角色定位，虽然有其法律规定的空间，但同时也是制度实践的产物。

关于审判委员会的职能定位，人民法院组织法和三大诉讼法并没有集中具体的规定。结合《最高人民法院审判委员会工作规则》第二条规定，审判委员会的主要职责包括五项：总结审判经验；讨论、决定重大疑难案件；决定诉讼当事人及其法定代理人请求对本院院长担任审判长的回避问题；讨论、通过助理审判员临时代行审判员职务；讨论、决定有关审判工作的其他事项①。人民法院三个改革纲要也有不同程度的涉及,《人民法院五年改革纲要》规定审判委员会要在"在强化合议庭职责,不断提高审理案件质量的基础上,逐步做到只讨论合议庭提请院长提交的少数重大、疑难、复杂案件的法律适用问题,总结审判经验,以充分发挥其对审判工作中带有根本性、全局性问题进行研究和作出权威性指导的作用"。《人民法院第二个五年改革纲要(2004—2008)》对审判委员会改革的主要规定是设置专业委员会和改革审理方式和表决方式,本身没有直接触及审判委员会的职能定位问题。《人民法院第三个五年改革纲要(2009—2013)》规定"完善审判委员会讨论案件的范围和程序,规范审判委员会的职责和管理工作。"2010年最高人民法院下发《关于改革和完善人民法院审判委员会制度的实施意见》,明确"审判委员会是人民法院的最高审判组织,在总结审判经验,审理疑难、复杂、重大案件中具有重要作用",并将审判委员会职责概括界定为审理案件和监督、管理、指导审判工作两项。2013年11月,《中共中央关于全面深化改革若干重大问题的决定》第33条明确要"改革审判委员会制度",让审理者裁判、裁判者负责。2013年最高人民法院下发《审判权运行机制改革试点方案》提出"规范审判委员会的议事规则,完善运行机制,大幅度限缩讨论范围,推行审判委员会委员组成合议庭办案制度"。2015年2月,最高人民法院发布《人民法院第四个五年改革纲要(2014—2018)》,其中第32条规定"合理定位审判委员会职能,强化审判委员会总结审判经验、讨论决定审判工作重大事项的宏观指导职能。"

综合上述法律规定和相关重要文件,审判委员会的主要职能可以归纳为:一是不针对个案的宏观指导职能,即总结审判经验。二是针对个案的案件审理和微观指导职能,即讨论决定重大疑难案件。三是针对个案的程序管理职能,即决定当事人及其诉讼代理人申请院长担任合议庭

---

① 关于审判委员会职能定位与工作程序,主要依据来自《最高人民法院审判委员会工作规则》,审判委员会因而呈现出一些立法无法反映的特征,而这也成为学者争议焦点之一。见陈瑞华:《正义的误区——评审判委员会制度》,载《北大法律评论》第1卷第2辑,第387-388页。

审判长的回避问题。四是审判职务管理职能,即讨论、通过助理审判员临时代行审判员职务。从人民法院组织法和最高法相关文件规定内容来看,这四项职能并非完全对等。其中,总结审判经验作为首要和基础职能,体现的当然是审判委员会进行审判指导的独特优势和作用所在,而案件审理职能虽然只针对重大疑难案件,讨论决定此类案件当然是审判委员会作为最高法院审判组织的职能属性,但同样体现了审判委员会针对个案的微观指导职能,这与作为宏观指导职能的总结审判经验是相互呼应和相互补充的,共同构成一个以面带点、点面结合的审判指导职能体系。但必须指出,现行制度架构下的审委会主要角色仍然是审判组织而不是指导组织。

二、运作实际图景

(一)主要情况:基本合理但行政化现象突出

为充分反映审判委员会在促进深化法律适用统一中的实际作用和问题,我们选择在中西部地区具有代表性的 S 省 C 市中级人民法院作为分析样本。需要说明的是,人民法院组织法和三大诉讼法以及最高人民法院相关规范性文件均未对中级法院审判委员会人数和构成作出具体限定,通常理解为应当是单数人数。C 市中级人民法院编制 498 人,实有近 600 人,近些年来案件量总体上保持较快的连续上升势头,案件数量和复杂性压力均在全国中级人民法院中处于前列。该院审判委员会人数也有较大变化,2010 年前最多时为 24 人,2010 年为 20 人,2013 年 6 月已减少为 18 人。

——从年龄结构看,该院审判委员会人员平均年龄为 49 岁,其中最大为 60 岁,最小为 42 岁,就中级人民法院情况和需要看,这一结构尚属合理但稍微偏大。

——从学历学位结构看,研究生 5 人,比例为 27.78%,本科 13 人,比例为 72.22%,学历学位结构比较合理。

——从审判领域结构看，综合领域9人，刑事领域4人，商事领域2人，知识产权领域2人，执行1人，由于种种原因民事审判、行政审判、立案、信访以及审判执行监督等五大审判领域均无人员，审判领域结构未能覆盖主要审判领域，不均衡性比较突出，在很大程度上对审判委员会的代表性和其实际运作均产生了不利影响。

——从职务职级结构看，其中从行政职务职级看，院局领导11人，其中院长和副院长7人、审委会专职委员2人、政治部主任和副巡视员各1人；处级领导7人，其中庭长5人，审管办、研究室主任各1人。没有非职务委员和低行政级别委员这一情况反映出，审判委员会构成与行政职务职级具有强烈的对应性和重叠性。

——从资历阅历结构看，审委会委员平均工作时间为29年，其中最长的为42年零6个月，最短的也有18年零1个月；从法院工作经历看，平均法院工作时间为14年，其中最长的为32年零3个月，最短的为1年零6个月，应当说审委会委员资历阅历结构总体上是合理的。

——从审判经验结构看，审委会委员担任审判员的平均时间为11年零9个月，其中最长的为23年零7个月，最短的为1年零3个月；担任审委会委员的平均时间为6年零4个月，其中最长的为14年零2个月，最短的为1年零3个月。应当说，审委会委员的审判经验积累普遍经历了较长时间，能够较好地适应审判指导的需要。

为更清楚地了解和分析C市中级法院审判委员会配置情况，我们对B市一中院、S市一中院、N市中院、S市中院、H市中院、G市中院审委会委员配置情况进行了对比分析（见表2.1），一是除院级领导、专职委员外，审判业务部门正职领导并不当然为审委会委员，在审判业务部门中层正职领导中，被任命为审委会委员的平均比例为66%；二是各法院在提请任命审委会委员时，会综合考虑拟任命人员的政治素质、工作能力、工作业绩、工作年限等因素；三是各中院审委会设立委员基本保持在19人左右；四是H市中院有2名不具有领导职务的资深法官为审委会委员。

综合上述情况来看，应当说C市中级法院审判委员会的基本结构较为合理，但也存在以下问题：一是审判门类构成失衡，其指导功能未能有效覆盖主要审判领域；二是泛行政化、职务化现象存在，审委会委员作为最高审判指导机构成员的指导角色与其行政管理角色高度混同；三是对审判一线资深法官和优秀中青年法官倾斜不够，审判指导还没有形成以老带新、新老结合的梯次格局。上述问题的存在，对审委会指导作用的实际发挥造成了不利影响。

表 2.1　部分中院审委会委员配置情况表

法院	院长	副院长	专职委员	政治部主任	组长纪检	巡视员（副巡视员）	审判业务部门		资深法官	其他	合计
							实有	任命为委员			
B市一中院	1	4	3	1	1		20	8			18
S市一中院	1	4	1				16	13			19
N市中院	1	4	2	1			12	8		3	19
S市中院	1	7	1			1	15	9			19
H市中院	1	5	1		1		11	6	2		16
G市中院	1	6	2	1	1	1	17	16			28

备注：1. 审判业务部门包括审判庭、执行局、研究室、审管办。2. N市中院的其他 3 名委员为审判业务部门调任综合部门后，审委会委员资格保留。

（二）运行情况：讨论个案职能过重而挤压其他职能

C市中级人民法院一直重视审判委员会制度建设，先后制定了《审判委员会工作规程》《关于建立审判委员会列席制度的通知》《关于审判委员会委员配置办法的会议纪要》《关于建立审判委员会审判指导小组的通知》等多个制度文件，全面规定了审判委员会的基本制度和主要流程。从 2009 年到 2013 年 5 月，C 市中级人民法院共召开审委会会议 180 次，讨论案件和议案共计 1231 件，其中刑事案件 689 件，占 55.97%；民事案件 88 件，占 7.15%；行政案件 15 件，占 1.22%；执行案件 5 件，占不到 1%；复查案件 42 件，占 3.41%；信访包案 203 件，占 16.49%；再审案件 40 件，占 3.25%；议案 148 件，占 12.02%（见表 2.2）。从上述数据分析可以看出：一是讨论个案仍是审判委员会的最主要和最大量工作。2009 年以来审判委员会共讨论各类案件 1083 件，占 87.98%，相对 2004—2008 年五年间的案件所占比例 93.3%，只是有所下降，但绝对数量仍然太高；同时，案件讨论中刑事案件最多，所占比例超过一半；而其他种类则相对较少，比例很低。二是信访包案总体上呈快速上升趋势。2009 年以来审判委员会讨论信访包案总共 203 件，是除了刑事案件外最多的案件种类，而且连年上升势头迅猛，最多时为 2011 年的 78 件，考虑到信访包案的特殊性和实际难度，这给审判委员会带来的压力不容忽视。三是管理、指导审判工作的议案占到一定比例。四年多来共计讨论涉及法院改革、总结带有指导性和典型性的审判工作经验、示范性案例等议题 148 件，占审委会讨论议案总数的 12.02%，总体上比较偏低。

表 2.2　2009—2013 年 C 市中院审委会讨论案件情况

	次数	总数	刑事	民事	行政	执行	复查	包案	再审	议案
2009	41	278	158	23	1	3	14	28	16	35
2010	43	270	150	18	10	1	8	43	10	30
2011	42	325	166	32	1	0	4	78	5	40
2012	36	256	165	12	1		6	43	3	24
2013（1-5）	18	102	50	3	2	1	10	11	6	19
累计	180	1231	689	88	15	5	42	203	40	148
比例			55.97%	7.15%	1.22%	0.41%	3.41%	16.49%	3.25%	12.02%

三、指导作用情况

（一）面上指导有所成效但需加强

2009—2013 年 5 月，C 市中级人民法院审判委员会共讨论非案件议案 148 件，占 12.02%，绝对数仍然较低，所占比例也不大，而且除 2011 年猛增到 40 件外，非案件议案数整体上还呈逐年下降趋势，反映出审判委员会的宏观指导职能有弱化的趋势。从议案类型看，包括申报示范性案例 56 件、审判工作事项 53 件、审判职务事项 22 件、其他事项 17 件。

1. 审判工作事项情况

审判工作事项议案主要包括类案法律适用指导性意见 12 件、审判工作操作和管理规范 27 件、群体性案件审判工作方案 1 件、法律问题分析报告 3 件、分析总结工作经验 2 件、其他事项 8 件。总的来看，审判委员会线上和面上指导作用是以类案法律适用指导性意见和审判工作操作管理规范为主要手段和形式，二者合计为 39 件，占审判工作事项的 73.58%。因此，通过分析类案法律适用指导意见情况和审判工作操作管理规范情况，可以对审判委员会线上和面上指导作用发挥实效有进一步的了解。

2. 类案法律适用指导情况

近几年来，该院审委会先后针对商品房预售定金纠纷、限购背景下房屋买卖纠纷、案外人异议之诉纠纷、灾后重建买卖租赁纠纷等制定了指导性意见。审判委员会在研究分析类案法律适用问题时，一般着重考虑以下因素：一是已经形成一定数量的案件样本态势；二是容易产生法律适用分歧，如有关商品房买卖合同纠纷案件法律适用的指导性意见之所以上报审判委员会，此前该院两个庭对此类案件的认识和处理均存在分歧是一个重要原因；三是有些同类案件还需要通过选择典型案件确立统一思路，以避免短期内同类案件急速涌入而造成被动。

3. 议案质量情况

大多数议案质量特别是类案法律适用指导性意见的前期调研深入，问题分析透彻，意见比较成熟，讨论中比较容易形成共识并获得通过。客观地看，也确有个别议案不是在调研深入并提出成熟意见的基础上即提交审判委员会研究，未能获得通过。如《审理商品房买卖合同定金纠纷案件法律适用的指导性意见》系经过反复调研和两次上会研究才获得通过。审判委员会在研究议案过程中，通过深入讨论和相互启发，常常会进一步揭示出议案的深层价值、指导意义以及一些应当重视而又忽略了的因素，使议案本身更加成熟和理性。比如该院审判委员会在讨论《关于建立审判委员会指导小组的意见》时指出，审判委员会同时兼有作为审判组织的裁判职能和作为指导机构的指导职能,建立审判委员会指导小组十分必要,同时对指导小组与审判委员会本身的分工也作了区分。

(二)案例指导有一定数量但需强化效果反馈

讨论决定示范性案例,提炼形成裁判规则,是审判委员会发挥指导作用、促进和深化法律适用讨论的重要手段和途径。从2009年1月到2013年5月,C市中级人民法院审判委员会共计讨论申报示范性案例56件,确认为示范性案例48件,平均每年为10件左右,总体上呈逐年上升趋势;其中,黄某某、何某某、何某诉C市某县工商局工商行政处罚纠纷案被最高人民法院审判委员会确认公布为全国法院指导性案例。从案例类型看,在通过的48件示范性案例中,刑事为16件,民事21件,商事5件,行政4件,执行1件,其他1件。从裁判规则看,涉及在个案解释补充法律和司法解释13件,涉及实体裁判规则24件,涉及认定事实、证据、量刑等裁量规则8件,涉及程序运行规则3件(见表2.3)。从上述规则类型来看,如何在个案中正确理解和解释法律、司法解释,以及结合个案形成的微观裁判规则占主要部分,表明审判委员会指导在确保法律适用统一方面发挥着不可替代的重要作用。

表2.3　2009—2013年C市中院审委会确认示范性案例规则类型表

类型	释法规则	裁判规则	裁量规则	程序规则	总数
数量(件)	13	24	8	3	48
比例	27%	50%	16.7%	6.3%	100%

值得注意的是,2009—2013年5月,C市中院审判委员会经讨论未予以通过案例8件,其中涉及释法规则3件,裁判规则3件,裁量规则2件(见表2.4)。从未予通过的原因来看,涉及可能突破法律规定1件,法律解释不当问题2件,实体争议较大2件,可能存在规避法律行为1件,法律规定明确示范价值不大1件,其他原因1件。总体上看,审判委员会在讨论相关案例的示范参照价值时,所考虑的因素要明显多于案件审判法官的裁判考量因素,主要包括法律规定的明确性、法律解释的恰当性、示范点的可接受性和争议性、裁判结果的导向性和可参照性等

等，如刘某某成都某实业有限责任公司知情权纠纷案，该案的争议焦点在于隐名股东是否享有股东资格。目前公司法和相关司法解释对隐名股东均未明确予以认可，理论界争议较多，如予以承认可能涉嫌突破法律规定，据此审委会认为不宜确认为示范性案例。又如某县社会福利院与陈某某、吴某以及第三人某某财产保险公司S省分公司交通事故损害赔偿纠纷案中相关福利院有无诉讼主体资格和实体请求权问题，审委会认为该问题学术与实务界尚未取得共识，相关法律和司法解释也没有明确规定，目前还不宜确认为示范性案例。此外，法官司法判断的难易程度也有影响。如被告人唐某某被控盗窃案拟确立的示范点为前罪不满十八岁而后罪时已满的，不得成立累犯，审判委员会讨论时认为对此问题法律上规定明确，法理上共识清楚，操作中法官不难判断，因此示范价值不大。

表 2.4 2009—2013 年 C 市中院审委会未予以确认示范性案例情况表

类型	释法规则	裁判规则	裁量规则		程序规则	总数
数量（件）	3	3	2		0	8
未通过原因	可能突破法律规定	法律解释不当	实体争议较大	可能存在规避法律行为	法律规定明确示范价值不大	其他
数量（件）	1	2	2	1	1	1

（三）对重大疑难案件的指导还需进一步拓展

对重大疑难案件的指导始终是体现审判委员会指导作用的重要方面。近几年来，C 市中级人民法院高度重视重大疑难案件的审判工作和审判指导，精心审理、公正裁判、妥善处理一批影响较大的难办案件，比如孙某某醉驾案、黄某某等诉某县工商局工商行政处罚纠纷案、李某申请省教育厅信息公开案等等，对促进和深化法律适用的统一产生了深远而广泛的积极影响。其中，孙案直接促成了新的刑法修正案中危险驾驶罪的正式确立，黄案确立的行政机关作出较大数额的没收处罚应当实行听证的裁判规则为最高人民法院完全采纳，该案也被最高人民法院审判委员会确认并公布为全国法院指导性案例，李案则被 S 省高院评为全省法院十大精品案例。

在这些大要案件之中，尤以孙某某被控醉驾案为典型。该院审判委员会对此案给予了高度重视，在案件审理中给予了及时有力的指导，在讨论该案中做到了客观、深入、理性，对保障案件依法审理和公正裁判发挥了重要作用。自从孙案判决后，全国酒后驾车情况大幅下降，开车不喝酒、喝酒不开车成为绝大多数公众的高度共识和行为准则，并最终促成全国人大以刑法修正案的形式正式确立了危险驾驶罪，确保了此类犯罪案件法律适用的统一。孙案较之以前的个案，显然更具实质性的导向意义，即该案真正起到了统一类案裁判标准的重要作用。正是在二审宣判后，最高人民法院随之召开新闻发布会，明确提出统一该案案件的定罪量刑标准的重要性和大体尺度。笔者认为，较之不针对具体个案的带有准立法性质的司法解释，这种指导方式更符合司法规律，更具有水滴石穿的持久影响，也更能够实现通过司法统一进而保障法治统一的长远目标。因此，孙案不仅吸纳和凝聚了全社会在醉驾及其严重危害这一热点问题上的法律共识，更重要的是它从司法方法论的角度，通过一种程序化的机制和进路，确保这种共识转化成为司法的规则性语言，从而有效保障了司法面对争议性案件时的统一判断。由此，孙案的整体效果显然不仅及于该案自身，更重要的意义在于它具备了针对以后类似案件的参照力和影响力。无论是对司法的示范还是公民法意识的导引而言，孙案司法效果上的整体性都绝不只是体现在当前而更着意于未来的案件。对今后的案件而言，它确实提供了裁判思路和规则上的理性引导。

（四）对审委会指导作用发挥情况的初步判断

通过前述分析可以得出几个结论：一是审判委员会在讨论决定重大疑难案件方面确实发挥了不可替代的重要作用，对重大案件和审判质效均具有决定性影响。二是审委会日常工作仍然主要陷于大量个案的讨论，影响到对审判工作全局性问题的研究，作为法院内部最高审判组织的审判管理和审判指导职能未能有效发挥。三是与讨论案件相比，议案数量仍然偏低，比例明显失衡，反映出审判委员会指导职能仍然偏弱，提升空间很大，加强审判委员会指导作用、更好地促进和深化法律适用统一仍然任重道远。四是审判委员会工作制度落实有待改进。从该院情况看，其实审判委员会的主要制度均已建立，但执行情况并不理想。比如按照有关配置办法的会议纪要，审判委员会应为 19 人，实际为 18 人。会议纪要还规定应选任行政审判、立案和审判执行监督领域各 1 名委员，同时还应选任法律理论水平较高或审判经验丰富但不是当然委员的资深法官和全国审判业务专家 1 至 3 名，但实际上都没有做到。同时，审判委员会列席制度也执行得不够理想，这在很大程度上也影响了审判委员会指导作用的有效发挥。

四、对审判委员会角色职能的重新审视

很大程度上，审判委员会遇到的问题可以概括为角色重叠导致的职能困境。在我国现行司法制度架构下，审判委员会至少有以下四种角色：一是享有裁判权的最高审判组织；二是最高审判指导机构和咨询建议机构；三是最高司法决策机构；四是审判工作管理机构。由于审判委员会角色定位的多元化，导致了承担职能的集权化，审判委员会集案件裁判权、审判指导权、司法决策权、审判管理权以及司法咨询建议权于一体，可以说是一个高度集权的司法机构[①]。多年来审判委员会的实践已经证明，它所体现的多元角色、高度集权，恰恰已经成为其不能承受之重，由此也遭到越来越多的非议，而其中最突出的在于违背了作为司法最基本特性的审判亲历性和加剧了司法的行政化和等级化[②]。报载广东东莞第一法院正在率先进行一场以削权审委会、还权于法官为核心的司法改革。即"试行让审委会尽量成为咨询机构——放下审批权后，审委会成员凭丰富的知识和经验，给年轻法官提供方向性意见，具体案件如何裁判，还是由法官或合议庭来决定"。针对争议性案件，审委会可以提出意见但不进行结果表决，法官也不一定接受审委会的意见，仍按其自身认识裁判案件。由此，"审委会不表决案件结果，是司法属性的回归，是对合议庭意见的尊重"。

一位比较法学家曾言，"没有任何一位观察家和评论家会对他最熟悉

[①] 诚如学者所言："从司法决策的角度来看，审判委员会无疑是各个法院中的最高权力机构。"参见程春明：《司法权及其配置》，中国法制出版社 2009 年版，第 218 页。
[②] 胡夏冰：《司法权：性质与构成的分析》，人民法院出版社 2003 年版，第 245-246 页。

的制度感到满意"①。审判委员会运行中固然存在诸多问题,但真正的问题在于如何确定合理的改革方向和路线图。审判委员会应当定位于何种角色？究竟该不该削权？该通过什么方式如何进行指导？审判委员会未来该向何处去？所有这些问题都促使我们进行严肃而深入的思考,重新审视审判委员会的角色和职能。我们认为,以还权于法官为名削掉审判委员会作为最高审判组织的裁判权,并进而使之仅仅作为专家咨询建议机构发挥作用,并不符合法律和司法解释规定,实际上没有法律依据。改革审判委员会制度的正确方向,不是简单废掉它,而是重新定位角色,整合职能,使其在应当发挥作用的领域以符合司法本质要求的方式运行。由此,审判委员会应当以最高审判指导机构为主要角色,以最高审判组织、内部司法决策机构和审判管理机构为辅助角色。相应地,审判委员会应以审判指导为主要职能,以案件裁判、微观司法决策和审判管理为辅助职能。其主要理由如下：一是有法律依据和政策空间。一方面,人民法院组织法和最高人民法院相关司法文件在界定审判委员会职能时,均将总结审判经验作为头条,实际上表明最高立法机关和最高司法机关均认为审判委员会首先是并且主要是审判指导机构,其次才是案件裁判机构,但仅限于极小部分重大疑难案件。另一方面,周强院长曾在最高人民法院审判委员会会议上专门强调指出,"根据新的形势,审委会的首要任务应该是从宏观上总结审判经验,研究审判工作中的重大问题,切实发挥审判决策、审判指导、审判管理和审判监督的功能作用"；同时,最高人民法院《审判权运行机制改革试点方案》和《人民法院第四个五年改革纲要(2014—2018)》总体上也是在朝着限缩和优化案件审理职能,扩大和强化审判指导职能的方向进行,进一步明确审判委员会主要作为最高审判指导组织的属性和定位,是符合当前司法改革精神和最高人民法院司法政策导向的。二是有实践需求。近几年来,随着司法案件数量和处理难度不断上升,审判工作和司法应对社会关切的压力越来越大,加强审判指导和工作指导的要求日益强烈而迫切,而主要由审判经验丰

---

① 转引自傅郁林：《审级制度的建构原理》,载《中国社会科学》2002 年第 4 期。

富、社会视野开阔、司法评判的整合能力更强的精英法官组成的审判委员会无疑是承担指导作用的最佳角色①。三是审判委员会作为最高审判组织的现行职能定位和作用重点与司法亲历性的本质要求潜存抵触，也与最高人民法院提出的推进构建以审判为中心的诉讼制度改革中的"四个在法庭"要求不尽符合，客观上容易造成审者不判、判者不审的负面现象，不利于司法公信的树立和提升②。

五、推进审判委员会指导作用发挥的主要思路

（一）职能定位

笔者认为，审判委员会未来的改革方向，是在保留和优化其作为最高审判组织的审判职能的同时，更加突出和注重其作为最高审判指导机构的新角色，其主要职责是依法履行指导职责，保障公正及时裁判，促进法律适用统一③。与此同时，审判委员会仍将承担作为最高审判组织和审判管理机构的重要角色与功能，依法行使重大疑难案件裁判权和审判工作管理职责，但应当对审判委员会裁判案件范围进一步限定。审判委员会的几项职能之中，审判指导应当居于基础和核心地位，其他所有职能包括案件裁判，都是围绕审判指导并为之服务的辅助性职能。只有明确此点，才能更好地在法治原则下推进审判委员会的改革创新，也才能真正将审判委员会从过于繁杂和量大的其他事务性工作特别是案件讨论中解脱出来，使之成为名副其实的最高审判指导机构。

（二）职能创新

突出指导，限缩优化议案议事，强化事前研究论证。明确了审判委

---

① 司法评判的价值整合在审判中有着极为重要的作用（参见汪习根：《司法权论》，武汉大学出版社 2006 年版，第 370 页），而审判委员会在这方面无疑具有更强的综合性优势。
② 程春明：《司法权及其配置》，中国法制出版社 2009 年版，第 219 页。
③ 有学者主张，仍应肯定一段时期内一定条件下审判委员会的职能和作用，因此可以逐步改革为一个咨询性机构，佛山中院的改革也持此思路。参见章武生：《司法现代化与民事诉讼制度的建构》，法律出版社 2000 年版，第 667-670 页。

员会主要作为最高审判指导机构的角色定位，创新职能运行机制是决定审判委员会能否真正发挥好作用的关键。创新职能运行机制，关键是做到两个方面，指导职能要强化，辅助职能要优化。一方面要强化审判指导。要进一步扩大审判委员会议案范围，增加议案数量，提升议案质量，增强指导实效。另一方面要优化辅助职能特别是案件裁判职能。审判委员会的案件裁判职能是基于法律规定，必须保留但有进一步优化的必要和空间，即对上报审判委员会讨论的案件范围应当严格限定为确属重大疑难案件：一是事实、证据无争议，主要是在法律适用上存在重大疑难并具有示范价值，换言之，审判委员会原则上只讨论法律适用问题，不介入事实与证据论争。二是建立上报案件的问题识别机制，上报案件的法官应当对案件事实和证据负责，并将事实问题与法律适用问题进行区分，严格把好法律适用问题识别的第一关；第二关由专业法官会议或审判委员会下设的专业化审判指导小组负责，指导小组在认真研究基础上提出参考意见供审判委员会参考。三是在认真分析审判工作态势和法律适用难点基础上，对审判委员会每年讨论案件的数量和比例作出合理限定，并进行动态调整。

（三）指导平台

着力构建四级指导平台：审委会全体会议实行月或季度例会制，会议要少而精，集中讨论重大议事议案，做好系统指导；依审判不同领域设置的专业化审判指导小组会议讨论各专业类型案件和相关议案，提供专业意见建议，做好专业指导；审委会专职委员作为审判专家专事审判指导工作，重点抓好重大疑难案件指导和重要议案指导；审判委员会其他委员结合分管负责工作，做好个别和具体指导，形成以审判委员会全体会议一级平台、专业化指导小组会议二级平台为主渠道，专业法官会议三级平台为补充，共同形成大小有别、专兼互补、上下联动的审判委员会三级指导平台体系。与此同时，还要建立相应的载体，及时反映指导情况，发布指导规则，交流指导经验，增强指导效果。可以考虑设立审判委员会公报刊登审委会确认的指导性案例,设立审判委员会快报及时反映指导情况动态,并可以结合审判工作需要设立专刊集中刊登相关专业审判领域的指导成果。

(四)操作进路

首先,作为一至两年的近期目标,中基层法院可以率先就强化审判委员会指导职能、优化案件裁判职能积极进行探索创新,积累经验,提出建议,为推进此项改革奠定实践基础;其次,作为二至三年的中期目标,可以考虑由最高法在深入调研和总结各地法院改革经验基础上,尽快研究制定加强审判委员会改革的专门文件,明确提出以强化审判指导职能、优化裁判职能为主要目标,将改革实践中的成熟经验固定、提升并进行推广;再次,作为三至五年的中长期目标,由最高法在调研基础上及时报请全国人大修改人民法院组织法和三大诉讼法,对审判委员会制度及时进行修订完善,明确审判委员会作为最高审判指导机构的法律属性、主要职责和运行方式,以更好地发挥审判委员会的作用。

第三部分　案例指导与法律适用统一

专题八　"同案不同判"现象的思考及对策

法律适用的统一是法律面前人人平等原则的必然要求，是国家法治统一的直接体现，也是现代法治社会公认的基本原则。可以有千千万万形态各异的案件，但法律适用的准则和效果应当是统一而严肃的。法律适用的统一体现到司法案件中，必然要求实现"同案同判"。正如学者所言，近代民法所追求的最高价值，是法的安定性，它的含义在于，要求对于同一法律事实类型适用同一法律规则，得出同样的判决结果。[①]然而，近些年来，个别司法案件反映出的"同案不同判"现象屡屡引起争议，其实质是如何审视和抑制"同案不同判"现象给法律面前人人平等原则和法律适用统一机制所带来的消极影响。

一、个案情形

为使问题讨论有一个共同的语境平台，首先需要对"同案不同判"作一个基本界定。一般而言，同案系指同类案件，其判定标准有两个：一是诉讼标的种类相同；二是法律构成要件事实相同。纷繁复杂、千姿百态的社会纠纷经过诉讼标的和法律构成事实要件两层机制的双重过滤，只有所得到的诉讼标的和法律构成要件事实均属相同，才构成"同案"。[②]两个诉讼标的和法律构成要件事实相同的案件，如果其判决结果在主要方面不相一致甚至相反，即谓之"同案不同判"。让我们先从几个实例说起：

[①] 梁慧星：《民法学说判例与立法研究（二）》，国家行政学院出版社1999年版，第84页。
[②] 刘楠等：《民事纠纷同案同判初探》，载《当代法官》2004年第3期，第18页。

1. 实例一

2004年12月，朱某购得一车，一年后发现该车实系旧车，朱某向某市某区法院起诉要求退车并加倍赔偿。法院认为汽车消费在我国现阶段属于奢侈消费，不属于《消费者权益保护法》所称的生活消费范畴，故驳回原告诉讼请求。原告不服上诉，二审法院认为，该案不应适用《消法》调整，被告卖车时未告知此车已销售过的事实，但在交付的相关手续中已记载进行过2000公里保养的事实，故亦不构成欺诈，故判决驳回上诉，同时判令被告补偿原告5000元。该案引起社会媒体广泛关注，并成为一段时期舆论炒作热点。而同样在该省，2004年8月，某县法院在审理一起因所购车过去曾发生过碰撞而引发的请求退车并双倍赔偿纠纷案中认为，被告有欺诈行为，并判决该车归原告所有，被告赔偿原告一倍车款即28.5万元。该案后经二审、再审，均予维持。①

2. 实例二

某市某学校于2003年3月31日向某县法院以民间借贷纠纷起诉，要求郑某退还借款34 000元及利息。法院受理郑某案后，郑某提出管辖异议，县法院裁定驳回。郑某不服上诉，某中院立案庭审查后认为案件属于借贷纠纷，于2003年5月15日裁定驳回郑某上诉。县法院照此进行实体审理后，于2003年7月16日判决被告郑某归还某学校借款24 000元。宣判后郑某不服上诉，某中院民二庭审查后认为本案应为劳动争议纠纷，应经劳动仲裁裁决后，如当事人不服才可以向法院起诉，故裁定撤销一审判决书，驳回某学校起诉。之后，该县法院又受理了某学校诉崔某等住房基金纠纷案，考虑到郑某案已经定性为劳动争议纠纷，该院

---

① 相对而言，同地不同法院之间的"同案不同判"现象似乎更容易发生，也更容易引发争议和不满。比如，2005年4月，某直辖市某区法院在审理一起因医院将患者病历丢失而引发的索赔纠纷案中认为，医院作为医疗机构有义务保管病人病历，以保证患者正常就医，但因工作失误，丢失了患者病历，给患者今后治疗带来一定影响，应承担相应的民事责任，法院遂判该医院赔偿原告损失费3 000元。然而，仅仅相隔了几个月，同样是因为医院丢失病历而引发的索赔纠纷案，另一基层法院(有意思的是，该院与审理前案的某区法院的二审法院系同一中级法院)却作出不同判断，理由是："患者对病历不具有所有权，也不能对病历享有人身权益。"

便以劳动争议纠纷为案由进行了审理，并以超过仲裁时效为由判决驳回某学校诉请。判决后该学校不服上诉，某中院民一庭审查后，却认为此案应为借贷关系。但由于某中院立案庭和民二庭的裁定书均为生效法律文书，且两份文书对此类案件定性不同，所以，以"原审判决违反法定程序可能影响案件的正确判决"为由裁定撤销原判，发回重审。至此，同一类案件，先后经过一、二审，而某中院三个庭作出了不同的定性和处理。

3. 实例三

2003年底，王某申请成立某汽车出租有限公司，有将近100辆个体出租车挂靠，公司每年收取少量管理费。公司刚成立不久，挂靠在该公司的个体出租车先后发生两起交通事故。2004年11月30日，某基层法院对第一起因交通事故引发的刑事附带民事案件进行一审判决，判决出租车司机谢某犯交通肇事罪，判处有期徒刑一年六个月，缓刑一年六个月。谢某和该车所有人谢某某赔偿附带民事诉讼原告人各项经济损失共计18万余元。此外，法院还根据某高级法院《关于印发〈全区法院交通肇事损害赔偿案件审判实务研讨会会议纪要〉的通知》中"挂靠他人名义下的车辆发生交通事故引起损害赔偿诉讼的，被挂靠人对挂靠应当承担的责任负连带赔偿责任"的规定，判决出租车所挂靠的某公司承担连带赔偿责任。不久，该基层法院再次依据"会议纪要"，判决某公司在另一起交通事故赔偿案件中承担连带赔偿责任。与此形成鲜明对比的是，某省高级人民法院在审理李某诉某市公交公司的车辆与某出租汽车公司车籍、车主李某某的车辆相撞致其人身损害赔偿案中，却认为被挂靠单位承担连带责任不妥（该案后来入选《人民法院案例选》）①。

---

① 一段时期，对挂靠车辆交通事故赔偿纠纷中被挂靠出租车公司是否承担责任，法律法规及司法解释规定不够明确，部分地方法院实际处理意见和尺度有异，主要有三种情况：第一种，被挂靠人和挂靠人承担连带赔偿责任；第二种，被挂靠人在收取该车辆管理费范围内承担有限连带赔偿责任；第三种，被挂靠人不承担责任。参见毛立军：《出租车肇事挂靠公司该"埋单"吗"同案不同判"如何了得》，载中国政协新闻网。

4. 实例四

某法院民事审判庭,曾审理一起因安装心脏起搏器而引发的某患者向某医疗器械公司索赔案。主审该案的法官认为,医疗器械公司标注不明,且未对消费者 A 履行告知义务,致使其产生误解,判决原告胜诉,该案事后还被作为维权案例典范刊登在多家报刊上。紧接着,该庭又受理了另一患者状告医院及该医疗器械公司的索赔案。两案情况完全一样,但因主审后一案的法官不知前案,加之两位法官对同一问题认识不一致,于是便发生了案件事实同一,前案患者胜诉而后案患者败诉的情况。

综观上述几例,虽然具体案情各异,但有几点却值得注意:第一,从问题上看,几个实例均反映出法律事实同一、相似而司法判断各异,甚至完全相反的情况,实例二中同一法院内部三个审判庭对同一法律问题作出了性质不同的判断,导致基层法院难以适从,其他三个实例中就同一问题,相关法院和法官却作出了完全相反的结论。第二,从类型上看,上述几例反映出"同案不同判"现象所具有的多样性和普遍性,比如实例一发生在同地不同法院之间,实例二发生在同一法院内部不同审判庭之间,实例三发生在异省异地法院之间,而实例四甚至发生在同一法院同一审判庭不同法官之间,足以表明这一问题涉及的法院层面较宽。第三,从审级上看,上述实例中的"同案不同判"现象涉及了高级、中级和基层法院,一定程度上反映出这一问题在审级层面上的普遍性。第四,从数量上看,"同案不同判"现象至少涉及了两个或两个以上法律事实同一近似案件的处理,实例二还牵涉十多起同类案件的处理,足以说明这一问题的波及面和实际影响。第五,从社会影响来看,上述几例都不同程度地引起社会较广层面的关注,有些案件还成为媒体炒作热点,个别媒体甚至借"舆论审判"施加压力。上述案件成为社会关注焦点和媒体炒作热点,既有案件本身的原因,但同时也有"同案不同判"现象所引发的困惑和质疑。对试图通过法律适用的统一而强化法治统一的目标而言,"同案不同判"现象的存在无疑需要反思。

二、原因透析

"法律面前人人平等"是现代法治国家公认的基本原则,而法律适用上的平等是这一原则在司法领域的具体体现。法律适用平等,必然追求法律适用机制和适用效果的统一。正因为如此,同等情形同等对待,同类问题同样处理,构成了现代法治社会中司法公正最基本的技术化标准。而司法实务中存在的"同案不同判"现象,无疑与这一标准形成了某种抵触。举其大端,笔者认为主要有以下几方面因素:

(一)法律体系的非完备性

法典万能主义所希冀的那种自足自给、绝对排斥解释的法律之网实际上并不存在,法律漏洞的存在乃是一种现实。单就法律条文本身而言,"几乎每一条一般性规则都存在规则的制定者所不能预见的很多合理例外",同时条文也无法避免含糊歧义之处。① 即如学者所言,"法律不可能尽善尽美,其意义晦涩者有之,有待法官阐释;条文漏洞者有之,有待法官补充;情况变更者有之,有待法官为渐进的解释"②。重要的是认识到,是否完美无缺并非评价一种客观事物的合理标准,一种可能不够完善但却实用的法律体系才是真正发挥效用的东西,"米德尔塞克斯郡的一英亩土地比乌托邦的一个公国更好"。③ 问题在于,法律体系客观上的非完备性也会影响到法官在个案中的裁判行为,导致法官对同一问题可能作出不同甚至完全相反的判断。而且,我们能做的只是将其限制在一个合理的范围内,而不可能彻底根绝。我国目前正处在一个法律体系和司法运行机制经历着深刻变革的社会转型期,这种非完备性对法律适用的统一性的显在和潜在影响更不容忽视。就特定案件中的法律问题,

---

① [英]托马斯·霍布斯:《哲学家与英格兰法律家的对话》,姚中秋译,上海三联书店2006年版,第63页。
② 杨仁寿:《法学方法论》,法律出版社2000年版。德国学者汉斯·普维庭将将法律规定无法完全自足之原因概括为三个方面:一是立法无法自足,总存在真空地带;二是社会关系的变化永远领先于法律规定;三是法典自身的概括性和抽象性。
③ [美]伯纳德·施瓦茨:《美国法律史》,王军译,中国政法大学出版社1990年版,引言。

如果法律没有明文和直接规定，基于法官不得拒绝裁判的原则，客观上只能依赖于法官的自由裁量权；另一方面，如果就同一问题出现多个相互之间可能冲突的规定或有权解释，法官则会处在不得不选择其一的艰难境地，客观上很难避免同案不同判现象的发生。[①]

（二）法官个人的差异性

法律操作的实际效果，与法律的解释者紧密相关。法官个人的特质、教育背景不同，实际能力有高有低，在面对具体案件时，对同一法律条文、同一问题的理解和认识就完全可能存在差异。现代法治社会面临着一个两难命题，即法治的形式理性要求法官必须在具体案件中追求"法无二解"，但问题的实际答案可能又不止二解，寻求唯一解的目的不过旨在维护法律适用的严肃性、统一性和权威性。[②]由于法官个人特质差异和具体案件情况的不同，对法律条文的理解不仅可能二解，甚至可能多解，这已经隐含了同案不同判的可能性。另一方面，就法官之间比较而言，如果这些理解上的差异只是非实质性的，对确保裁判中法律适用的统一性尚无大碍，这样一种差异就是可接受的，或者说在受控范围内。但当差异比较明显，甚至大相径庭，以致非从事司法职业的外行人也对法律适用的统一性产生怀疑时，则这种差异就越出了可容忍的限度。

（三）法官裁判思维的同质化程度

无论如何，法官个人的差异总是存在的，也必然会反映在具体案件的裁判中，但这只是个别化的影响。从整体上来讲，法官职业的同质化程度才是影响法律适用的统一性的更重要的因素。法律共同体的生长和发育反映一个国家的法制水平，实现社会主义法治国家的目标，制定法律，建构完善的法律体系固然重要，但经由各种有效途径培育法律共同体可能更加重要。总的来说，法官职业的同质化程度比较高，会有助于

---

① 参见《法规不完善致同案异判医疗纠纷成民事审理难点》，载《法制日报》2005年8月6日。
② 孔祥俊：《法律适用需要妥善处理的八大关系（二）》，载《法律适用》2005年第7期，第25页。

确保和增进法官在理解和阐释同一法律、同一问题时，能够大致遵循同样的原则，沿着同样的进路，使用统一的方法，进而达致方向同一、实质相同或接近的结论。因此，较高的同质化程度，是法官职业共同体形成并成熟的重要条件，是增进法律适用的统一性不可缺少的有效保证。就我国目前的情况而言，法官队伍的职业化建设已经取得了长足进展，法官素质也比前些年有了较大提高，法官职业的同质化程度正在不断增加，这都是不争的事实。但同样现实的是，法官来源多样、能力良莠不齐的状况仍然存在，在某些地方还比较突出，这也在客观上使"同案不同判"现象难以避免。

（四）古典司法传统的影响

我国古代治国理政强调的是"德主刑辅"，反对不教而诛。由此，"道德判断渗透于司法的每一过程，在对案件的处理和决定上所起的作用常常胜于法律和事实本身，法律判决在很大程度上是道德宣判"①。在分析中国古典司法时，马克斯·韦伯将其与所罗门司法、伊斯兰司法以及英王司法等都归入实质非理性司法一类，并用"卡迪司法"来表征这种司法的特性。简单地讲，"卡迪司法"的核心特征是超越形式和程序而诉诸法外考量和个案裁量，目的是追求实质正义，其后果具有同案不同判的恣意性和不确定性。韦伯认为，中国古代帝王"以家父长制的权威，解消存在于司法与行政之间的区隔。帝王的诏令兼具训诫与命令的性格，一般性的或是在具体的案例里介入司法。只要不是在巫术的制约之下，则思凡一般皆倾向以实质正义——而非程序正义——为其判决的基准。从程序正义或是经济'期待'的角度而言，这显然是一种强烈的非理性的、具体的'权衡'裁判的类型"②。同时，地方司法官在裁决案件时，如同帝王和家长那样也具有追求实质正义和个案裁量的特色。有人认为，中国传统的纠纷处理，"其过程不注重同样的事情同样地对待，而就事论事，完全不考虑规则以及依据规则的判决的确定性；将天理人情置于国

---

① 尹伊君：《社会变迁的法律解释》，商务印书馆2004年版，第211页。
② [德]马克斯·韦伯：《法律社会学》，康乐·简惠美译，台北远流出版事业股份有限公司2003年版，第295-296页。

法之上；天理人情的高度不确定性导致判决者可以翻云覆雨"。①这种评断是否正确值得讨论，但古代司法传统注重法外因素特别是诉诸天理人伦、人情世故的考量，在客观上亦难以避免个案司法的不确定性并可能影响到法律适用的统一性。此外，个别案件中地方保护主义和部门保护主义所产生的利益驱动，对"同案不同判"现象恐怕也有一定关联。

三、理性审视

如何认识我国目前司法实务中时有出现的"同案不同判"现象，如何理解作为一种实践性目标的"同案同判"，是否可能从根本上彻底杜绝"同案不同判"现象等等，所有这些问题，关系到在我国社会转型期如何构建一种虽不完美但却实用的法律适用的统一性保障机制，值得我们深思。

（一）客观看待"同案不同判"个案现象

前面已经提及，由于种种原因，"同案不同判"现象在理论上完全可能，在实践中难以避免。近几年来人民法院诉讼案件量持续上升，案件类型日益多样，法律关系渐趋复杂，法律适用难度逐步加大，"同案不同判"现象难以避免。世上没有一片叶子完全相同，绝对的"同案同判"亦恐非现实。具体条文的普遍适用总是与特殊或例外情形相伴，也我们也不能排除这样一种可能性，结合特殊情形对某些个案作变通处理亦属必要和有益。现代司法诚然注重形式理性，但司法案件的个别公正与司法活动的整体公正之间并无不可调和的矛盾，二者应当且能够实现有机统一。

（二）高度重视"同案不同判"现象的消极影响。

就"同案不同判"现象的影响来看，未必可以认为所有的"同案不同判"现象都是绝对违法，也不排除某个个案中的个别化裁量也无妨说是一种更为恰当的处理。但是，从长远来看，"同案不同判"现象的消极

---

① 高鸿钧：《无话可说与有话可说之间——评张伟仁先生的〈中国传统的司法和法学〉》，载《政法论坛》2006年第5期，第99页。

影响不容置疑。这种影响是多方面的，特别值得注意的是，直接以"同案不同判"为由上访的情况也时有出现，可以认为，客观上存在的"同案不同判"现象确实与部分上诉、申诉和上访的原因有着紧密联系。①笔者以为，"同案不同判"现象的主要危害并非直接针对某个个案或者某个当事人，这一现象引发的消极影响突出反映在两个方面：一是社会公众对法院作为纠纷裁决和正义分配机构所拥有的实际能力的怀疑，是社会对司法公信力的深层焦虑；二是社会公众对强化法律适用机制的统一性的怀疑。即使不排除个别案件中的灵活处理具有某种实质上的正当性，但这种处理仍然可能给法律适用的统一性机制带来某种潜在和长久的硬伤。毕竟，即使对普通社会公众而言，出现严重的"同案不同判"现象也是难以解释和接受的，而在同类案件中对法律规定进行"统一的解释是必要而且适当的，因为把本不相容的不同解释都作为同等的权威而进行接受，必然会极大地影响人们对宪法之可理解性和完善性所具有的信心"。②而公众的怀疑一旦产生并定型，不仅难以在短期内消解，还可能因某些个案被进一步强化。而缺少公众信任的法院，是难以在社会中正常和有效发挥其定分止争的职能的③。因为法治唯有作为一种信念被信仰，作为一种理想被追求，作为一种制度被遵循和实践，才有可能真正在社会中扎根。对"同案不同判"现象及其消极影响给予高度关注，并积极稳妥应对，具有重要现实意义。

（三）正确认识"同案不同判"个案原因的复杂性

社会纠纷的实际情况表明，某种社会现象在因果关系上常常表现出更为复杂的互涉性，具体案件中的法律问题与社会问题往往交织在一起，

---

① 笔者曾在接待涉诉上访当事人时，遇到一件学生状告学校的人身伤害赔偿纠纷案件，当事人不服本地一基层法院驳回其诉讼请求的判决，并当场拿出我省某地法院对同类案件所作的支持原告索赔请求的判决作为依据，请求进行再审并予以改判。
② [美]克里斯托弗·沃尔夫：《司法能动主义——自由的保障还是安全的威胁》，黄金荣译，中国政法大学出版社2004年版，第97页。
③ 有关讨论可以参见《法规不完善致同案异判 医疗纠纷成民事审理难点》，载《法制日报》2005年8月6日；李兆磊：《应重视基层法院同案不同判现象》，载中国法院网；毛立军：《出租车肇事挂靠公司该"埋单"吗 "同案不同判"如何了得》，载中国政协新闻网；《同案不同判，法律也尴尬》。

难以作单向性的简单归摄和一元化的价值判断，而应具有社会学的思维和考量。以"同案不同判"现象而论，一方面，所产生原因如前所述，始终缠绕着社会现实与历史传统的交互影响，实际上已经不是单纯的法律问题，其求解之道也不能仅靠司法自身——虽然改进司法是其中的关键所在。另一方面，应当注意到的是，如何冷静看待"同案不同判"现象，法官的认识可能与当事人和社会公众的认识并非总是一致。从法律职业人的角度看，同类案件绝对的等同判断是不现实的，在某些具体案件中出现某种不一致并不奇怪，实际上仍在法官自由裁量权合理行使范围之内，并无损于法律适用整体上的统一性。但当事人基于自身利益优先的考虑，不见得会作同样认识，而社会公众对司法公正的认识评价可能会更侧重于自然正义、人伦情理和趋利避害导向，加之网络时代传媒的强大影响力，可能会使对"同案不同判"现象的认识趋于复杂多样。由此，正确看待和控制"同案不同判"现象，亦应当具有法社会学的视角和思维，才能更为客观和妥当。

（四）"同案同判"包含据法司法与合理裁量的双重要求

一般说来，在普通案件中，运用逻辑演绎为特征的司法三段论，基本上可以从现行法律规定中推导出具体案件的裁判结论来，其所运用的裁判技术范式主要是逻辑方法。而在具体案件中，基于个别化因素的考量，法官可能需要在不同价值的诉求、不同原则的选择之间进行比较、筛选，最终选择的应当是最符合法律精神、最大限度地减少震荡、同时也最能为社会主流价值所认同的裁判方案。值得注意的是，法官在具体案件中进行个别化考量，虽然属于行使自由裁量权范畴，并也可能涉及逻辑演绎，但从裁判方法上看，更多地带有非逻辑的经验色彩。实际上，司法案件中的价值判断、利益衡量、经验常识和人情世故等，很难说是一种逻辑演绎，可以将其归纳为非逻辑裁判方法体系。大抵上，法官的裁判方法体系正是由以司法三段论为核心的逻辑方法和以价值判断、利益衡量等为主的非逻辑方法两大体系构成的。说明这一点旨在表明，法官要养成系统、科学和成熟的裁判方法体系，仅依靠逻辑演绎是远远不够的，必须注意非逻辑方法的培养。

四、对策建议

如前所述,"同案不同判"现象的存在毕竟弊大于利,应当采取积极稳妥的应对策略,进行合理和有效的抑制,建构起一套科学、实用、并以保障法律适用的统一性为目标的运作机制,有效促进和维护司法案件中法律适用的统一。

(一)改革法官培训制度,确立以法律解释技术为重点、以司法经验为目标的法官培训模式,加快法律职业共同体建设

从长远来看,"同案不同判"问题的根本性解决,主要取决于法律职业共同体的形成。法律职业共同体的建构,有利于寻求法律存在的终极依据,有利于对法律规则进行全面和深入的理解和分析,同时法律职业共同体的形成也是法律发展进化的基本动力之一,而所有这些正是促进和维护法律适用统一的重要因素。① 而改进和加强大学法学教育,尤其是改进法官职业教育,将是塑造法律职业共同体至关重要的举措之一。很明显,"在法律从业人员所受法律教育和训练不同的情况下,要使法律的解释和适用保持统一就非常困难"。② 只有当裁判者都养成了共同的法学思维方法并适用共同的法学方法论进行裁判,这一问题才有可能得到有效解决,同案同判才有望在最广泛的范围内达成。③ 就目前来看,大学法学教育和法院在职教育还存在理论与实践需要深化互动、院校资源融合有待加强、实践实证导向和品位有待提升等不足,有学者认为,我国法学院教育存在的突出问题反映在注重法学知识而忽视司法知识、注重精密理性而忽视实践理性以及知识老化和教授方法死板等等④。更具体而言,这些问题集中在:注重法律知识的学习而忽视思维范式、司法裁判方法特别是法律解释技术的培养;注重法学理论知识的灌输,忽视

---

① 参见胡玉鸿:《"法律人"建构论纲》,载《中国法学》2006年第5期,第33-36页。
② 孔祥俊:《法律适用需要妥善处理的八大关系(二)》,载《法律适用》2005年第7期,第25页。
③ 刘楠等:《民事纠纷同案同判初探》,载《当代法官》2004年第3期,第20页。
④ 参见苏力:《道路通向城市——转型中国的法治》,法律出版社2004年版,第237-243页。

实际能力的养成；注重规范型知识的积累而忽视司法经验的磨练和升华等等。为此，应当改革法官培训制度，确立思维、方法与技术并重的实践性、实证化培训新模式，以司法能力提升为目标、以法学方法论和司法解释技术的完善为重点、以司法经验的积累和醇化为载体、以案例教学和法律诊所为主要方法的新型培训教育体系，持续提升法官职业的同质化水平，逐步形成具有共同职业理想、共同思维模式、体系化解释方法和共同的法语言规则的法官职业共同体，为最大限度地实现"同案同判"，促进和维护法律适用的统一奠定人才条件。在优化大学法学院教育和法官在职培训教育的同时，强化法官在实践中的经验积累和法官相互之间的学习同样重要[①]。

（二）强化法官判决理由论证，使判决理由成为涵育法律适用统一精神的重要法定载体

尽管以强化判决理由、增强心证公开为核心的裁判文书改革已经进行多年，其所取得的积极进展也有目共睹，笔者多年参加本地法院裁判文书评查的经验也可以证实这一点。但同样不容否认的是，判决理由仍然是当下裁判文书的一大薄弱环节。长期以来，忽视判决理由的弊端仍然明显，我们仍能比较容易地发现一些裁判文书理由千篇一律，千案一面，说理过简。客观而言，多数判决结果本身并无多大问题，但因判决说理不充分、不到位，导致当事人特别是败诉方当事人很难服气，由此引发上诉、申诉甚至无休止上访，既浪费了宝贵的司法资源，也对司法公信造成消极影响。为此，必须进一步强化判决理由，确立实质理由高

[①] 不少学者已经指出，无论大学法学院教育和法官在职教育改进得多么完善和可行，恐怕也不能设想法官能从中学会所有司法裁判中所需要的技能。正如柯克所言，司法主要是一种人为的实践理性，由此决定了法官的知识体系是以实践性为其本质特性。不得不承认的是，实践性知识很大程度上是一种技术和经验知识，不能指望完全通过课堂教学的方式获得——虽然这是一种非常重要的渠道。正如学者所言，"实践知识既不能教，也不能学，而只能传授和习得。它只存在于实践中，唯一获得它的方式就是给一个师傅当徒弟——不是因为师傅能教它，而是因为只有通过与一个不断实践它的人持续接触，才能习得它。"（迈克尔·欧克肖特：《政治中的理性主义》，张汝伦译，上海译文出版社2003年版，第10页）

于形式判断的标准①。建议及时修改民事诉讼法，明确规定法官必须充分有效地阐述判决理由，并将判决理由的有无和充分程度作为检验判决书说服力的重要标准，明确判决未叙述理由、判决理由存在重大缺陷并导致判决结果错误或者明显不当的，上级法院可以此为由改判，或者裁定发回重审②。

（三）在维护成文法法源性原则的前提下，深化完善指导性案例的体系化机制

成文法系制定法在适应社会生活方面的局限性已经得到公认，问题在于怎样在不破坏并有助于维护成文法系制定法法源性原则的前提下，探索建立某种合适的补救机制。结合我国司法国情和文化传统，进一步强化和完善案例指导制度，深具实践价值。最高法院明确提出，"要建立和完善案例指导制度，重视指导性案例在统一法律适用标准、指导下级法院审判工作、丰富和发展法学理论等方面的作用"。目前，如何深化完善指导性案例机制，需要重点解决好以下问题。

1. 关于指导性案例的标准

主要有四个：（1）效力条件，即判决已经生效。（2）类型条件，指导性案例主要应当从以下六类案件中产生：在进行证据分析和适用证据规则等事实认定方面存在典型、复杂和疑难问题的案件；在法律适用方面存在典型、复杂和疑难问题的案件；反映新的法律关系、适用新的法律规定的新类型案件；公众关注的大案、要案、热点案件；在正确解释和适用法律的前提下社会效果突出的案件；具有其他典型、复杂和疑难

---

① 杨畅：《法律实质推理在司法审判中的运用》，载《人民司法》2006 年第 3 期，第 94 页。
② 除英美法系国家一向重视判决理由外，一些大陆法系国家也越来越重视判决理由的价值和作用，并呈现出通过立法予以强化的趋势。如法国新民事诉讼法典第 455 条规定判决应当说明理由，第 458 条规定了判决理由缺失的法律后果，即未遵守第 455 条阐述判决理由者，判决无效，当事人也可以以此为由提起上诉。由日本民事诉讼法学权威三月章教授主持修改并于 1998 年实施的日本新民事诉讼法第 253 条也明确规定判决应当记载判决理由。2000 年修订的俄罗斯联邦民事诉讼法典第 197 条对判决理由作了比较具体的规定，颇具特色的是该法第 203 条还特别规定，对于特别复杂的案件，法官应当制作专门附具理由的判决，并宣布当事人及其代理人何时可以查询。

问题的案件。（3）实质条件，即要求裁判和其他处理结果正确、程序合法并具有良好的证据分析和法律适用论证效果。（4）文书条件，即裁判文书应当具有较高的撰写水平和良好的撰写质量。

2. 关于案例指导机制的层级差异

最高人民法院《关于案例指导工作的规定》明确最高法院确定并统一发布指导性案例；最高人民法院《关于规范上下级人民法院审判业务关系的若干意见》第9条规定，高级人民法院通过发布参考性案例等，对辖区内法院审判业务工作进行指导，但对高级法院参考性案例如何运用及其与最高法院指导性案例的差异未作规定，最高人民法院《关于统一法律适用加强类案检索的指导意见（试行）》第10条规定，提交指导性案例作为控（诉）辩理由的，人民法院应当在裁判文书说理中回应是否参照并说明理由；提交其他类案作为控（诉）辩理由的，人民法院可以通过释明等方式予以回应，体现出层级上的某种差异化处置。同时对中基层法院能否发布指导本辖区、本院审判业务工作的案例，最高人民法院没有明确，结合我国法院审级情况和司法运行实际，中基层法院可以在经审判委员会确认后发布示范性案例。同时，下级法院发布的案例不得与指导性案例等上级法院案例相冲突，上级法院审查发现与本院发布案例相冲突的，应当责令下级法院纠正。由此确立起以最高人民法院指导性案例为主体、以高级法院参考性案例、中基层级法院示范性案例为补充的案例指导机制层级化体系。

3. 关于指导性案例的效力

指导性案例对本级和本司法管辖区下级法院具有拘束力？这涉及指导性案例是否具有法源性的问题。有人主张明确主张赋予其法律拘束力[1]，也有人持保留意见。笔者认为，在立法没有作重大修改之前，恐不宜认为指导性案例具有法律拘束力[2]。但是，同等情形同等对待这一法治原

---

[1] 杨畅：《法律实质推理在司法审判中的运用》，载《人民司法》2006年第3期，第94页。

[2] 2002年8月16日《中国青年报》报载，郑州市中原区法院试行"先例判决"制度，并明确"先例判决"对以后同类案件具有拘束力。笔者赞成促进指导性案例更有效地发挥参照借鉴价值，但对明确赋予某种法源性的作法持慎重态度。

则又要求法官应当尊重和参照以前的同类案例，防止出现"同案不同判"现象，在这一点上，大陆法系与英美法系国家实无本质差别，只在于技术操作上的不同路径而已①。因此，通过发布具有示范意义的指导性案例，要求法官在办理具体案件时了解借鉴以前的同类案例，如果与前案诉讼标的属同一种类，原则上应当参照前案所确立的判决原则裁判，不予参照的须阐明理由②。需要明确，要求法官参照以前同类案例，并不等于认可或主张以前同类案例具有判例上的法源性。即使在事实确立了某种形式的判例机制的德国法院，大家也承认"先前的与待决案件有关联的判决的所具有的约束力是非规范化的，不仅找不到任何法律规定，也并没有明确被作为普遍的司法政策""在成文法之外确立一种英美法上的判例制度既不现实也无必要"③，这一点值得我们认真审视和借鉴。

值得注意的是，针对指导性案例的效力，2010年最高人民法院《关于案例工作的规定》第7条规定为"应当参照"，但没有说明能否作为裁判依据直接引用；2016年最高人民法院《人民法院民事裁判文书制作规范》明确载明，应当将指导性案例作为裁判理由引述，并写明指导性案例的编号和裁判要点，同时明确指导性案例不作为裁判依据引用；2018年最高法院《关于加强和规范裁判文书释法说理的指导意见》明确，指导性案例属于裁判论据的一种，在裁判说理部分引述。至此，指导性案例的效力问题基本明确，即指导性案例具有"参照力"，人民法院在审理同类案件中应当参照，具体而言可作为裁判论据，在裁判说理部分引述，但不作为裁判依据。

4. 关于指导性案例的结构

指导性案例不同于一般案例，也不同于研究性案例，基于发挥其指导价值的需要，应有合适的结构。目前，最高人民法院指导性案例除标题外，正文分为关键词、裁判要点、相关法条、基本案情、裁判结果以及裁判理由共六个部分，层次虽多但整体上简明扼要，不足之处是当事

---

① 江必新：《论司法自由裁量权》，载《法律适用》2006年第11期，第21页。
② 江必新：《论司法自由裁量权》，载《法律适用》2006年第11期，第21页。
③ 最高人民法院课题组：《关于德国判例考察情况的报告》，载《人民司法》2006年第7期，第11页。

人控（诉）辩主张以及证据情况未有体现。某省高级人民法院参考性案例除标题外，正文分为裁判规则、文书字号两个部分，虽结构简洁，但其文书字号部分几乎与判决书内容完全相同，长处在于保留了控（诉）辩主张和证据情况，但对判决理由部分未作进一步简化整理，实不便于查阅和引述。理想的结构层次，似可以最高人民法院指导性案例结构为基础，增加控（诉）辩主张和证据情况简述。另外，基于最高法院指导性案例的重要价值，还可在裁判理由部分，结合法律和司法解释规定、法学理论研究新成果以及社会生活情势深化分析评议，进一步阐释案例的多维价值。

5. 关于指导性案例的汇编、整理和出版

为使指导性案例真正起到参照作用，同时也更好地接受社会监督，应当区分指导性案例、参考性案例、典型案例以及研究性案例等不同层级和类型，构建完善常态化汇编、整理和出版机制，为深化应用法学研究、促进法学理论与司法实践之间的互动融合创造条件①。

（四）制定切实可行的操作规则，规范和监督法官自由裁量权

如何规范法官自由裁量权的行使，促进法律适用的统一，是合理抑制"同案不同判"现象的重要方面。在刑事案件中，针对不同类型犯罪案件的量刑问题，制定类案规范化量刑标准，促进量刑统一，实为有效防范"同案不同判"、促进量刑和法律适用统一的明智之道②。在民事案

---

① 关于指导性案例机制问题，可参见张骐：《建立中国先例制度的意义与路径兼答〈"判例法"质疑〉》，载《中国法学文档》第一辑，法律出版社 2005 年版，第 14-41 页；龚言：《案例工作大有可为》，黄海：《构建案例制度的思考》，均载《人民司法》2006 年第 10 期；傅蔚蔚等：《试论我国案例指导制度之建构》，载于《法律适用》2006 年第 1-2 期；沈志先等：《重视典型案例，努力提升司法水平和能力》，沈阳中院：《加强案例指导，不断提高裁判水平》，均载《人民司法》2006 年第 7 期；孟凡平：《建立我国行政案例指导制度的的构想》，载《人民司法》2006 年第 2 期；刘楠等：《民事纠纷同案同判初探》，载成都市中级人民法院《当代法官》2004 年第 3 期等。

② 参见胡学相等：《对我国重刑主义的反思》，载《法律适用》2005 年第 8 期；周长军等：《数量刑方法的重构》，载《人民司法》2005 年，第 10 期。笔者认为，在刑事案件中，针对某些犯罪，运用数学方法构建适合的量刑标准体系，确实有助于量刑标准的统一，进而促进法律适用的统一。但应当注意的是，完全依靠和相信数量方法进行量刑恐怕并非可行之策，量刑毕竟属于法官裁判活动的一部

件中，可以围绕证据的审查、证明力认定、非法证据的排除、非规范证据的效力判定等主要方面，制定审判指南，促进证据分析认定、裁判说理的规范化、标准化。

（五）逐步改革和完善审级制度和审理模式，为指导性案例作用的发挥提供良好的制度环境

一方面，区分法律问题与事实问题，形成合理而又便于操作的案件分流思路。另一方面，加快审级制度改革，科学划定不同审级法院的功能与审判职责。原则上主要由基层法院负责审理一审案件，中级法院主要审理二审案件，最高法院原则上不审理一审案件，高级法院每年可审理少量一审案件。明确一审与二审法院的审理职能分工，原则上一审以集中的事实审为主，二审以有限的法律审为主。中央全面深化改革委员会已经通过《关于完善四级法院审级职能定位的改革方案》，全国人大常委会已作出《关于授权最高人民法院组织开展四级法院审级职能定位改革试点工作的决定》，最高法院已印发试点实施办法，我国法院审级制度将迎来调整完善的重大契机，必将推进案例指导机制作用的充分发挥。

（六）加强实证性案例研究，使之成为应用法学研究的一般方法和重要分支

合理抑制"同案不同判"现象，促进法律适用统一，大力强化实证性案例研究，是一个不可或缺的重要途径。特别是倡导和加强法院与高校之间、法官与学者之间的案例融合研究，"法官和学者之间这种生气勃勃的意见交锋和相互影响，可以防止法律误入歧途，从而为法律沿着正确的方向发展提供最可靠的保证"①，双方之间的"对话有助于使这种交互作用长存，最终将使法律界的两个大职业也都由此得益"，同时也有助于深化法律职业共同体建设②。由此，面向基层司法的实证性案例研

分，而法官不是工匠，裁判活动也不是按图索骥。
① [德]海因·克茨等：《德国民商法导论》，楚建译，中国大百科全书出版社1996年版，第67页。
② 宋冰主编：《读本：美国与德国的司法制度与司法程序》，中国政法大学出版社1997年版，第457页。

究，应当成为今后我国法学研究的一般方法和重要分支，在法学研究与司法实务之间搭建起有效的沟通与融合平台，促进法学理论与司法实务的互动共进。

促进和深化法律适用统一，恐不能持毕其功于一役之念，需要的是清醒认识、综合应对和持久发力。同时，法律适用统一机制的深化和完善，也有赖于社会各方的理解、支持和配合。惟其如此，"同案同判"原则才能深入人心，完善法律适用的统一机制才有可靠保障，司法公正和法治统一才能得到充分实现。

专题九　在法律适用的统一性与个案正义之间

法律适用是法官在个案审理活动中最基本的职责，而保持法律适用的统一性，既是法官实现同案同判的必然要求，也是现代法治社会通过司法维护和强化法治统一的重要手段。而法官面临的问题在于，具体个案千差万别，争议焦点各不相同，怎样将统一的法律条文与具体案件联结在一起，实现合法且妥当的裁判。如何结合个案裁判，实现法律适用统一性与个案正义的衡平，涉及的是法律适用统一性与个案正义之间的复杂关系和理性认知。

一、法律适用的统一性与个案正义的复杂关系

法律适用的统一性与个案正义之间的关系似乎一直缠绕着法学理论和法治实践的进步历程。对成文法系国家法官来说，如何认识和处理好二者之间关系尤其重要。先从一件中国古代的案例谈起。"宋时民有父卒母嫁者，闻母死已葬，乃盗其柩而袝之。"据《宋刑统》卷19《贼盗律》"发冢"律文规定，"已开棺椁者绞"。当时的大理详断官苏独曰："子盗母柩，纳于父墓，岂与发冢取财者比！"请之，得减死①。此事可能远非

---

① 珠海市律师事务所编：《判例在中国》，法律出版社1999年版，第23页。

首例，更非唯一案例，但足以表明，中国古代的法律职业者早已注意到法律适用的统一性与个案正义之间的复杂关系以及可能潜存的冲突，并且力图通过个案中的法律解释活动对二者之间的关系进行定位与调适。如前述个案，法官实际上是通过对法律适用统一性形式理性的合理和适度背离而求得个案正义，但在整体上，仍无妨谓合符法律适用统一性的内在之义。相反的例子也有，霍姆斯曾举过一个例子：一个农民状告另一个农民折断了他制黄油的搅拌筒。审理该案的法官考虑了一段时间后说，他查遍了成文法都未发现关于搅拌筒的规定，最后他作出了有利于被告的判决[①]。这实际上是对法律适用的统一性持简单化理解，这种机械司法方式的结果必然是损及个案正义。

　　历史地看，在成文法律较少而更多地依赖习惯处理各类纠纷的早期社会，个案处理的妥当性实际上被置于更为重要的位置来考虑，以保障矛盾纠纷的实质解决；成文法基本形成体系后的制定法治理时期，个案处理中则更多地突出法律依据的明确性和具体性，强调据法裁判，以保障法律适用的统一性，这种趋势在大陆法系国家法典化时期反映得更为明显；进入 20 世纪后，由于社会本位主义时代的来临和反法典化思潮的涌动，个案处理的妥当性与法律适用的统一性之间的关系再次发生了微妙的变化和调整，在法律适用的统一性仍然得到保证的前提下，个案处理的妥当性得到了更多的关注。总的来看，法律适用的统一性与个案正义的关系并没有绝对一成不变的运行模式，常常随经济社会生活的变化而适时进行微调并有所侧重。

二、个案正义与法律适用统一性关系的实际图景

　　不可否认，在多数一般性个案中，法官对在法律适用的统一性和个案公正之间能够找到平衡，或者说可以找到同时满足二解的方案。因此，在个案正义中可能对法律适用的统一性带来难题的并非多数，但是这少部分个案较之大多一般性个案，往往对法律的发展具有更持久的影响力。

---

① 转引自徐爱国：《霍姆斯〈法律的道路〉诠释》，载《中外法学》1997 年第 4 期，第 118 页。

较之在常态化社会关系中产生的一般性案件而言，少部分可能存在法律适用统一性与个案正义潜在冲突的具体个案，更多地反映为社会发展变化过程中涉及新类型法律关系、新类型法律权利的产生、演变以及法律制度的创新过程，因此值得特别关注。

（一）在具体个案中如何解释法律文本

如某县社会福利院与陈某某、吴某，第三人某财产保险股份有限公司交通事故损害赔偿纠纷案。2008年12月11日20时50分，吴某驾驶陈某某所有的小汽车在某高速公路与行人艾某某发生碰撞，致艾某某死亡。艾某某负主责，吴某负次责。肇事车辆在第三人处购买了交强险和商业第三者责任险。另查明，死者出生于1952年9月16日，父母早亡，1964年10月经福利院收养，终身未婚，无子女。该案争议焦点在于福利院能否作为赔偿权利人起诉？裁判结论：一审判决支持福利院诉讼请求，二审维持。

《最高人民法院关于审理人身损害赔偿案件适用法律若干问题的解释》（以下简称《解释》）第1条规定，"因生命、健康、身体遭受侵害，赔偿权利人起诉请求赔偿义务人赔偿财产损失和精神损害的，人民法院应予受理。本条所称赔偿权利人，是指因侵权行为或者其他致害原因直接遭受人身损害的受害人、依法由受害人承担扶养义务的被扶养人以及死亡受害人的近亲属。"至少从字面含义看，《解释》的规定明确具体，而且并没有赋予国家福利院、养老院和孤儿院等社会福利机构在特定情形下具有人身损害赔偿权利人的实体资格，由此其诉讼主体也无从谈起。关于《解释》是否存在法律漏洞观点不一。有观点认为，为当机械适用法律无法实现法律价值的时候，即可能存在法律漏洞的情形。有人认为，法律漏洞不因立法形式不同，决定法律漏洞是否存在。即或法律条文采用直接、具体、列举的立法形式，也不能排除存在法律漏洞的可能性。1982年我国民政部《城市社会福利事业单位管理工作试行办法》虽然是部门规章，但是颁行在《中华人民共和国立法法》前，故在法律渊源上等同于行政法规。《城市社会福利事业单位管理工作试行办法》第9条"收养人员死亡后的遗产、遗物由社会福利事业单位收管，用于本单位的福利事业。"规定了社会福利事业单位对收养人的遗产享有占有和使用的权能,这是一种不争的民事实体权利。受害人艾荣华因交通事故死亡,整个侵权损害赔偿民事诉讼程序还未开始就不得不终结。因此,不可否认,现有法律对人身侵权损害赔偿权利人的界定存在法律漏洞。

但是,换另一个角度看,最高法该司法解释对人身损害赔偿诉讼权利人主体的界定实际上是很清楚的,即以自然人为基础,系以自然血亲或拟制亲所形成的亲属关系为条件。这一思路明显排除了社会组织成为赔偿权利人的可能性,其合理与否当然值得讨论。但是,与其说该规定存在漏洞,不如说该规定不尽合理。

如果单纯从维护法律适用统一性的形式需要考虑,在该案中几乎没有许可福利院作为原告提起诉讼资格的可能性。有人认为,许可福利院成为原告而仍合符法律适用统一性要求还是有路可走的,即从分析自然血亲或拟制血亲所形成的亲密关系入手,与福利院与受照顾老人的关系进行参照比对,即可发现,福利院与受照顾老人之间经过二十余年的长期共同生活,早已形成亲密的相互依存关系。此种关系实质上接近于自然人亲属关系中所包含的那种亲密性要求。也就是说,福利院类似于与其有亲密关系的亲属,故可以比照适用该规定而成为原告。但是,这种比照实际上并不符合类推的基本原理,即类推应当是在同类主体之间进行。在此案中,简单将社会组织类推为自然人亲属仍然缺乏足够的法理根基。

若严格将人身侵权损害赔偿权利人范围限定在被抚养人和近亲属的范围,排斥法院受理以福利院为原告的人身侵权损害赔偿案件,那么将带来两种有违社会公平、公正的后果。受害人的侵权损害赔偿和福利院对监护人的遗产处分权都是应当受到法律保护的利益,但是该利益保护由于程序权的缺失而无法实现。由此可见,以实现司法实质公正的法官必需在审理过程中适度背离《解释》第 1 条原旨,以认定福利院收养了当时 12 岁的艾某某,供养和照料其生活直至艾某某因交通事故死亡的事实,从法律权利和义务对等,维护社会公平正义的价值角度,将最高法院司法解释和民政部颁行的行政法规有机结合,采用扩张性法律解释方法,扩充了法律规定人身损害赔偿权利人的范围,从而有助于修复被损害的民事法律关系。

（二）在具体个案中如何适用公序良俗原则

处于上下效力位阶的法律之间的关系理论上容易分清，但在司法实践中由于具体个案因素的介入，往往呈现出更为复杂的景象。特别是在一些引起广泛争议的个案中，上下位阶的法律之间的相互关系虽然并非必然但确实潜伏着某种程度的冲突可能。如果法官处理不当，这种冲突就可能显性化，法律适用的统一性要求将面临现实的挑战。

被告蒋某某与丈夫黄某某于 1963 年结婚，1996 年黄某某认识了原告张某某并同居。2001 年 4 月 22 日，黄某某患肝癌去世，在办丧事时，张某某当众拿出黄某某生前遗嘱，称她与黄是朋友，黄对其财产作出明确处理，其中一部分指定由蒋继承，另一部分总值约 6 万元的遗产遗赠给她，此遗嘱经公证机关于 4 月 20 日公证。遗嘱生效后，蒋却控制全部遗产。张认为，蒋的行为侵害了她的合法权益，按《继承法》等有关法律规定，请求法院判令蒋给付遗产。判决说理认为，"根据《中华人民共和国民法通则》第七条的规定，民事行为不得违反公共秩序和社会公德，违反者其行为无效。……在本案中遗赠人自 1996 年认识原告张某某以后，长期与其非法同居，其行为违反了《中华人民共和国婚姻法》第二条规定的一夫一妻的婚姻制度和第三条禁止有配偶者与他人同居以及第四条夫妻应当互相忠实、互相尊重的法律规定，是一种违法行为。遗赠人黄某某基于与原告张某某有非法同居关系而立下遗嘱，将其遗产和属被告所有的财产赠与原告张某某，是一种违反公共秩序、社会公德和违反法律的行为，……实质上损害了被告蒋某某依法享有的合法的财产继承权，违反了公序良俗，破坏了社会风气。原告张某某明知黄某某有配偶而与其长期同居生活，其行为法律禁止，社会公德和伦理道德所不允许的，侵犯了蒋某某的合法权益，于法于理不符，本院不予支持。"法官在该案中面临的难题在于作为下位法的继承法具体条文与作为上位法的民法原则基本原则之间的潜在冲突。从继承法规定来看，死者的书面遗赠行为并无不当，很难认定其无效。但是从"民事行为不得违反公共秩序和社会公德"这一民法原则来看，认定其遗赠行为有效则可能在客观上导致对死者与原告的非法同居关系的道德认同。最终，法官基于维护上位法的公序良俗原则的价值取向而放弃适用继承法的具体规定。值得注意的是，该案判后引发巨大争议，有学者认为，死者的书面遗赠行为并未违反公序良俗原则。还有学者认为，此案判决实际上是以行为动机作为判定行为有效性的依据，这与民法主要关注行为实际效果而不是动机的精神理念并不相符。

（三）法律适用统一性在不同地域争议性个案中的反映

法律适用统一性除了受到具体案件情形的挑战外，实际还面临着不同地域、不同法官的认识分歧所导致的差异性对待。下面，让我们以汽车损害赔偿纠纷案件中争议焦点汽车贬值损失是否应予赔偿的不同认定情况来说明这一问题。

对比案例 A：S 市陈某诉某客车公司赔偿案。2006 年年底，陈某丈夫驾驶汽车沿某高架路行驶中发生追尾事故，其车头尾受重创。公安机关认定其中追尾的一辆大客车负事故全责。经公安机关主持调解，事故三方达成协议，约定由大客车所属单位某汽车出租公司赔偿陈某车辆修理费。后经某二手车市场评估，认定该车辆贬值 4 万余元。陈某遂将大客车所属公司告上法庭，要求其赔偿车辆维修费 11 838.3 元，加上上述贬值损失以及交通费、律师费等共计 5.7 万余元，并要求保险公司在第三者责任强制保险额范围内承担责任。

S 市法院判决认为："关于车辆贬值损失，本院认为，法律上之恢复原状，其内涵为恢复应有状况，而非绝对的原有状况，因为事实上不可能使损害事故曾经发生、赔偿权利人曾蒙受损害之事实化为不存在。陈某的汽车经修理恢复原来的形状、颜色与性能，此为使用价值上得以恢复。但依情理可知，汽车市场对于有过事故、经过修理车辆之性能、安全性多存疑虑，估价较无事故车低，故修理后车辆的交易价值存在潜在的贬值风险，是为必然。然而，因商业价值差额只在出卖汽车的情况下才会发生，故该差额之赔偿必以汽车出卖为条件，车辆若不出卖仍保留自用，则无贬值损失可言。就本案而言，因不存在车辆原已出卖或正议价出卖，抑或有出卖之意图的事实，故陈某就贬值主张赔偿，缺乏事实依据。"

对比案例 B：C 市李某某诉华某某等道路交通事故财产损害赔偿纠纷案。2006 年 9 月 11 日，原告驾驶汽车行驶至高新区某立交桥处，被告华某某驾驶汽车违反立交桥上导向标志逆向行驶与原告汽车相撞，致使原告汽车严重毁损。事发后，某市公安局交通管理局第一分局出具《事故认定书》，认定被告违反《道路交通事故处理办法》第 38 条规定，对本次事故承担全部责任。2006 年 9 月 18 日，原告与华某某共同委托物价局对原告车辆进行物损鉴定，物价局出具省价认证车（2006）第 213 号《鉴定结论书》，认定原告汽车损失金额为 50 205.00 元。事故发生后汽修厂虽将原告汽车进行了修复，但原告的汽车为高档轿车且该车此前从未发生过任何交通事故，无论从正常行驶功能上，还是从经济价值上，均不可避免地使汽车遭受到不同程度的贬损，经初步估计，该车贬损费约为 20 万元。

C 市法院判决认为："原告车辆由于交通事故受到损害，虽然已得到修理，但是很难完全恢复到原来车辆的性能、规格、安全性等要求，且在汽车交易市场上对于发生过交通事故的车辆，显然估价比原先无事故的车辆要低。这一价值的差额应该属于民法的损失范畴，受害人的权益应该得到救济。从民法理论上讲，受害人要求赔偿车辆减值损失的请求是合理、合法的。……民法中规定的侵权损害对象不仅包括权利，而且包括权利以外的受法律保护的合法利益。车辆减值损失只要符合民法上损失的构成条件，能够作为一种民法上损失进行认定，就应该受到法律的保护。《道路交通事故处理办法》（现已失效）第三十六条规定："损害赔偿的项目包括：……"车辆减值损失作为一种民法上的直接损失，应该属于上述规定的财产直接损失范畴。《道路交通事故处理办法》第四十条规定："因交通事故损坏的车辆、物品、设施等，应当修复，不能修复的，折价赔偿。牲畜因伤失去使用价值或者死亡的，折价赔偿。"该条虽只是对车辆的修复进行规定，但与车辆减值损失赔偿并不冲突，也没有否定车辆减值损失。因此，原告可以就自己的车辆减值损失进行主张赔偿。"

对比两个个案，针对同样的法律问题即汽车贬值损失究竟应否赔偿，

S 市法院判决主要从两方面进行论证：一方面，认为受损汽车经修复已经恢复正常性能；另一方面，在未出卖情形下，汽车贬值损失仅为风险而非现实，故判决不予赔偿。而 C 市法院判决认为贬值损失实系客观存在，并不以是否出卖为条件，因此原告有权要求赔偿贬值损失。C 市法院判决还注意到了贬值损失的兼容性，即认为道法并未否定贬值损失的合理性。针对同一问题而得出不同结论，反映出司法体系在个案中维持法律适用统一性的客观难度。但是必须指出，实现法律适用的整体统一既属维系国家法治统一所必需，实际上也有实现途径。就该案而言，C 市法院判决理由更为妥当，更符合民法基本精神。但是，这一判决仅仅开启了新的一扇门窗却并未解决更为根本的问题，即赔偿贬值损失应当符合什么条件。该类案件中，多数碰撞导致的损失并不损及汽车核心部件，其功能完全可以恢复且不受影响。同时，多数受损汽车系普通经济适用型汽车，如赔偿贬值损失，加上直接损失则可能超过车辆本身价值。因此，合理的观点也许是，汽车贬值损失确实存在，也应当赔偿，但为防止不合理的权利滥用，对赔偿贬值损失应当予以适当限定。

三、社会情势变迁对法律适用统一性的影响

庞德有句名言：法律必须保持稳定，但却不能静止不变，这就产生了法律适用的应变性问题。法律文本仍然是同一本文，然而法官基于个案正义需要的解释却因为社会情势变迁而可能使同一文本的含义不同于以前，甚至可能完全超出立法者当初对社会情势的预测评估范围。现实地看，社会情势变迁并不能从根本上动摇法律适用统一性的底线原则，但却可能使这一要求实际上呈现出一种很难简单概括的多样性而不是单一化和单向化的进路。因此，法律适用统一性要求对社会情势变迁的能动因应实属现实所需，问题只在于如何确定应变的适度性与应变的技术范式。换言之，法律适用统一性的应变必须是有序且可控的。

1982 年，联邦德国最高法院判例认定，司机违法超速行为只有在其确实对损害发生有作用的情况下，才进行共同过失的考量。换言之，如

果超速行为对损害结果的发生实际上没有影响或者影响很小时,则不认定为构成共同过失。但时隔十年之后,在面临违法超速导致的交通事故快速增多、损害日益加重的背景下,法院转而倾向于采取更加严厉的态度。1992年,科隆地方高等法院判例认为,即使是很小的超速也构成共同过失。该法院在判决理由作了如下阐述:"以往审判实践和文献中占优势的观点是,在法律上,一般说来,只有对容许的最大时速的严重违反时,才有可能导致一项他人侵犯自身优先通行权之侵权责任的共同责任,对于这个观点应当进行反思……该观点几乎不考虑如下事实:速度的单次方增加将会导致动能相应的二次方增加,同时还会相应地拉长机动车的制动距离,结果是每一次速度的提高,事故的危险以及相应的运营危险的提高,远远超过了速度的单次方增加……因此,在审判实践中,如下趋势日益明显:在优先通行权人显著违反规定时,应加诸相当分量的共同责任……在优先通行权人仅仅是轻微地违反限速规定时,也要考虑共同责任……审判委员会采纳了该观点。"①

在20世纪70年代韩国的一起刑事案件中,一名被告人因无医生资格而为他人实施隆鼻手术,手术失败后被起诉追究刑事责任。该案争议焦点在于医疗行为的含义。一审法官严格按照传统医学的理解,将医疗行为定义为"以预防及治疗疾病为目的的行为",并据此认为隆鼻手术属美容手术,与医疗行为无关,故判决被告不构成犯罪。二审法官在判决中首先论证了将被告实施的美容手术包含在"医疗行为"之中是符合立法目的的,在此基础上,法官充分考虑了当时韩国美容行业的快速发展及其与医疗行业的交融这一实际,二审判决认为,"考虑到本案发生当时的情形,许多医院已经开设了美容门诊、施行美容手术,而且在医学界已经出现了整容外科医生协会;考虑到被告做隆鼻手术利用了各种现有的医疗技术,并存在与实施医疗手术同样的危险。因此在解释法律上的医疗行为概念时,应当把被告所做的隆鼻手术等整容手术行为,也包含在医疗行为概念之内"②,并据此判决被告有罪。

---

① U.马格努斯等主编:《侵权法的统一:共同过失》,叶名怡等译,法律出版社2009年版,第130-131页。
② 梁慧星:《生活在民法中》,法律出版社2007年版,第252-254页。

四、法律适用的统一性与个案正义关系的重新审视

至少在整体上,我们可以对如何评价法律适用的统一性确立几个主要标准:其一是整体性,亦即应当符合立法的基本精神和主要原则,换言之,法律适用的方向必须正确,这是保持法律适用统一性的前提。其二是实践性,亦即既要与个案争议法律问题保持最为紧密的对应性,同时还要在总体上基本符合社会公众的理解和承受水平。其三是可比较性,即应当与合理期间内的前后和同期同类案件保持大体一致。其四是历史性,亦即在符合一定条件下依一定程序,对法律适用的选择和对具体条文字面含义的解释,结合社会情势变化,做出合理应变而又仍然符合法律精神和价值取向的调整,在法的安定性与妥当性之间求得妥当平衡。

在此基础上,对法律适用统一性与个案正义之间的关系,可作如下的重新审视和分析:(1)法律适用的统一性是现代法治社会的底线要求,也是职业法律家心中的行为准则,从司法实践的实际情形而言,法律适用的统一性也是可以实现且应当追求的现实目标。这既是现代法治社会法律适用平等的必然逻辑,也是成文法系国家通过法律适用实现和保障法治统一的重要基础。因此,坚持法律适用的统一性,不仅是法治社会赖以存在和发展的重要标志,同时也是一种实现司法公正的技术范式。(2)法律适用的统一性丝毫不意味着法律适用在个案中的绝对性、单一性和不可逆性。相反,从个案正义的角度而言,法律适用的统一性是一种原则目标上的统一,也是一种动态运行上的统一。法律适用的统一性必然包含着某种随社会情势而生的应变性,认为法律适用的统一性仅仅依靠法律条文的自我演绎即可获得自洽性,而与社会实际生活无关的观点,在理论上既难以自圆其说,在实践上也是不成立的。(3)在多数案件中,法律适用的统一性可能通过在个案中始终保持解释的一致性而实现。但在部分争议性案件中,更可能的情形是,这一统一是通过在个案中结合个案正义的需要而对文本意义上的法律条文的含义作出某种变通甚至背离来达到的,尤其在涉及法律漏洞和具有广泛争议性影响的疑难

案件中可能如此。在面临社会关系深刻调整的转型期，具体个案中法律适用的这种变通更容易成为现实需要。这种承认具体个案中的差异性的应变，正是法律适用统一性的内在之义和必然逻辑，也是对法律适用统一性的更为全面、更为深刻且更高境界的理解与把握，这与孔子所言的"君子和而不同，小人同而不和"在本质上是相通的。（4）法律适用的统一性的实际图景表明，应当承认、允许和鼓励法官在实际司法活动中适度的创造性。但这种创造性必须在上位法律原则的指引下，沿着基本统一的方法路径进行。也就是说，法律适用的方法与进路应当保持大体统一，个案处理结果才能具有可预期性。这是法律职业共同体得以形成并保持同质化水准的基础，也是个案正义的最终保障。

五、建构有效回应人民群众司法需求的裁判解释学

近二十年来的司法实践表明，我国法官已经在更宽阔也更复杂的社会情势背景下担负起维持法律适用统一性和实现个案正义的双重性职责。但是迄今，法官解释和适用法律的活动仍然是一种自在但却不完全自觉的实践性过程，其中原因之一在于，法官在个案中对法律的具体解释和适用，受制于个别化因素的影响较多，而缺乏体系化的、自觉自省的系统理论支持。长远来看，我们需要建构面向社会的法官裁判解释学。

（1）仅有一般性的、不联系具体个案的法律解释学是远远不够的，应当而且可能发展出一个新的分支学科，即法官裁判解释学。这是一种注重实证、追求实效的司法实践中的解释学，与个案正义具有紧密的内在联系。建构法官裁判解释学绝非标新立异，其根本动力首先来自司法实践之需，来自法官对更高境界和更富实效的司法公正、司法公信目标的不懈追求。法官裁判解释学需要对司法实践中的裁判解释过程、解释方法、解释标准以及解释效果等一系列重要问题进行系统梳理和理性回答，同时也需要及时回应社会需求和各方意见建议，更好地指导法官在审理个案中的法律适用活动。

（2）裁判解释与立法解释、学者解释的关系需要深入思考前提下的理性定位，但在总体上可以认为，法官裁判解释应当受法律精神、法律规定、立法解释的约束和指导，并从学者学理解释中获取营养。学者学理解释可以对法官解释发挥积极影响，但不能代替裁判解释。法官裁判解释学的构建，将对发展完善我国的法律解释学起到促进作用。我国司法改革进程中存在一个明显的趋势，即法官与学者之间在应用法学研究和案例研究上的交流不断加强。法官与学者之间的这种"对话有助于使这种交互作用长存，而法律界的两个大职业也都由此得益。因为学者们对法院的批评作出反应，常常提出新理论或者对现有理论的修改，这些很可能在以后被法院接受。人们由此获得的总的印象是：双方互相尊重，互相影响；并非罕见的情况是，法院在某个问题上明确地采用了某位学者的观点，即使这样做意味着修正法院原先的观点"[①]。在英国民事司法改革进程中，十分重视发挥学者的作用，"鲍曼报告"就建议邀请杰出的学者不定期作为上诉法院法官审案。长远来看，法官裁判解释应当保持开放包容，与学者学理解释学之间形成富有活力的深层互动。

（3）法官裁判解释学以法官为主体，以审判实践为对象，以具体个案为载体，以法律适用统一为引领，以司法公正为目标。较之学者学理解释，法官裁判解释具有鲜明的实践品格。值得注意的是，法官裁判解释的深化、丰富和完善，还要着眼于不同类型的纠纷案件，形成更具针对性的类案解释技术，才能对妥善处理实际案件有所助益。

（4）日益深化的司法实践应当而且能够为法官裁判解释学提供丰富多样的资源供给。为此需要进一步完善案例指导机制，鼓励不同层级和不同地域的典型司法案例的类型化、体系化汇编并向社会完全公开，需要在大学法学院广泛采用以案例为载体的诊所式教学模式，大力倡导面向实践的案例研习和案例研究。

[①] 宋冰：《读本：美国与德国的司法制度与司法程序》，中国政法大学出版社1997年版，第457页。

专题十　非常态类型案例指导机制的若干问题[①]

司法统一，乃是法治统一最重要的内容之一。基于"同等情形同等对待"的基本法治原则，必然要求对同一类型案例的审判思路、裁判规则直至司法技术奉行大体相同或相近的选择。这就为实施案例指导奠定了坚实的基础，也是需要案例指导制度的最有力的理由。实质上，无论是以制定法为裁判基本准据的大陆法系，还是以判例为主要法源的英美法，对于法律适用标准和司法尺度统一并无争议，问题只是如何发现和解释法律，或者说如何确定判决的法源依据。换言之，对以制定法为主要属性并更多接近大陆法系的我国而言，对案例指导制度的需要和现实意义同样不容置疑。但值得注意的是，一般意义上的案例指导，更多是以常态意义上的经济社会生活前提下交往过程中产生的各类矛盾和纠纷为基本适用对象。惟其如此，一件具有示范指导价值的典型案例才可能对同类案例发挥最大的格式化影响。对因经济社会生活突变或者因规模化公共突发事件产生的非常态类型纠纷案件，案例指导是否仍然可能和必要，则不无疑问。某市法院应对涉特大地震司法案例的实践充分证明，强化和规范案例指导的重要作用绝不只是体现在应对常态类型案件方面，对妥善处理好非常态类型案件，抓好案例指导同样具有积极价值和广阔空间。正如有学者指出的，妥善应对非常态纠纷将是我国深化依法治国进程中的重大课题之一[②]。由此，构建和完善非常态纠纷案例指导制度具有特殊的重要意义。

一、涉灾纠纷案件带来的主要挑战

2008 年汶川"5·12"特大地震在很大程度上导致了经济社会生活

[①] 本文系中国人民大学、中国法学会和中国法学应用研究所联合主办的中国案例指导制度研讨会交流论文。
[②] 顾培东：《论我国非常规纠纷的治理》，载《中国法学》2007 年第 3 期。

原有格局的突然断裂和不特定当事人之间利益关系格局的急剧变化，发生非常态矛盾纠纷的概率明显上升。其对司法应对工作的挑战和影响主要反映在：

（一）短期内法律问题往往集中多发

规模化突发性公共事件的特殊性不仅在于事件本身的突发性和影响力，更在于它所引发的法律问题的多样性和集中性。不少规模化突发性公共事件发生后，往往会同时或相继引发刑事、民事、行政等方面的法律问题，并带有短期内的"井喷式"特征。这种状况与常态下社会矛盾总会有一个相对较长时期的积累、演变和显现过程形成鲜明对比，问题解决的难度、风险和成本更易加大。

（二）司法调节的整体难度明显上升

规模化突发性公共事件不仅在一夜之间导致了大量社会关系的突变，而且使得这种变化具有显著的非常态性，其中所蕴含的风险和不确定因素激剧增多并在短期内突显，进行科学预测和评估的难度远高于平时。在这样一种形势背景下开展审判工作，稳慎把握司法功能定位，稳健发挥职能作用，不止是一种不容推辞的政治责任，更是一种前所未有的严峻挑战。由此，保持稳慎、理性的司法态度至为重要。

还必须指出，在社会关系呈常态化条件下，社会纠纷中虽然也存在社会、政策和法律多种因素交织的情况，但从总体上来看，多数可诉性纠纷确实可以通过司法程序获得解决——这当然不排斥在一些案件中需要借助于社会资源的配合和联动。但因规模化突发性公共事件引发的不少纠纷，即使在形式上具有可诉性，但往往面临实质上解决不能的尴尬境地。如果法院不加分析论证、不作风险预测评估而轻率介入，不仅难以有效解决纠纷，还可能使矛盾进一步激化，导致解决问题的成本投入和实际难度上升。

（三）保持大体统一的司法尺度更为困难

在常态化社会生活背景下，司法案件中的事实问题与法律问题大体上呈现出一种稳定性,这使得法院在一段时期内较为容易把握司法类案的裁量标准,保障司法尺度的相对统一。由于较大自然灾害以及规模化突发性公共事件的介入,司法案件中的社会关系和争议焦点因此变得更为复杂、多样,突出反映在五个方面:共性要求与特殊情形并存;法律问题与社会因素交织;历史缘由与突变情势纠结;常态调控与应急处置交错;程序选择与实体裁量两难。这使得我们在面临具体问题时不仅不能搞简单化的一刀切,还必须综合把握各种因素,审慎作出判断和选择。

（四）司法既有的应对机制难以有效适用

在常态化社会关系背景下,社会生活中的矛盾纠纷可能通过司法案件逐渐反映出来,司法裁判规则的形成、审判经验的体系化以及向有关部门提出司法建议,主要依靠在一段时期中既有案件的逐步积累。而规模化突发性公共事件可能涉及的法律问题集中,但短期内进入司法程序的纠纷案件较少,裁判规则的提炼和审判经验的体系化均面临相当难度。

二、涉灾案件中的突出问题

总体上看,涉灾案件以民事案件居多,刑事与行政案件相对较少;刑事案件集中在侵财型犯罪,而民事案件则以房屋租赁和房屋买卖纠纷为主;工伤行政案件较为突出。普遍面临的主要问题如下:

（一）刑事案件中因涉灾因素带来的量刑酌定情节

宽严相济的刑事政策在处理涉地震灾害刑事案件中显得格外重要。在涉灾案件中,法官着重考虑的从重情节主要有:（1）盗窃抗震救灾、灾后重建物资的;（2）严重扰乱灾区市场秩序的,例如刘某某被控非法经营案[①];（3）趁乱实施强奸等暴力犯罪的。考虑的从轻情节主要有:

[①] 被告人刘某某以给灾区捐赠救灾物资为名,骗得红十字会证明非法占用救灾交通运输通道,从事经营活动牟取不正当利益,严重危害了国家救灾秩序,具有严重的社会危害性,造成了恶劣的社会影响。法院依法从重判处刘某某有期徒刑五年,并处罚金人民币一百万元。

（1）被告人家乡受灾，希望回家参与灾后重建的；（2）出于从众心态且危害不大的犯罪，例如某度假村被盗系列案①；（3）出于亲情、义愤等原因的；（4）其他基于灾区特殊情况事出有因、情有可原的，例如蒲某某被控交通肇事案②。

（二）民事案件法律效果与社会效果的统一

比如不可抗力范围如何、是否包括地震导致的次生灾害等法律均没有明确规定③。又如灾毁房屋租赁系列案件④，如果单从法律层面上说，房屋因非承租人的原因毁损后，风险理应由出租人全部承担，那么承租人预付的租金应该返还。但该类案件面临的实际情况是包括承租人在内的很多当事人大多受灾严重，根本没有任何可供执行的财产。如何妥善处理涉灾民事纠纷，在法律效果和社会效果之间探寻一个最佳平衡点，成为摆在灾区法官面前的一道难题。

（三）行政诉讼风险预防

比如强制拆除房屋进行救灾行为的合法性；禁止灾民进入高危房屋

---

① 某度假村在地震中多处房屋倒塌，财物暴露在废墟中，有一村民进入度假村中盗窃后，其余村民纷纷效仿。在该度假村发生的8起盗窃案中被告人均为同组村民。考虑到有从众、退赃、自首等因素和情节，8名被告中判处最重的为有期徒刑十个月，其余均为拘役或单处罚金。

② 2008年5月，志愿者蒲某某在连续救灾24小时没有休息的情况下，无操作证疲劳驾驶大型装载机发生车祸，造成多人伤亡。由于案件发生在灾区，当时救援人员奇缺、救灾任务紧急，很多驾驶员都是疲劳驾驶，如按常规思路要求驾驶员注意义务难免苛刻。法院经认真研究，依法从轻判决蒲某某犯交通肇事罪，有期徒刑3年6个月。对该案民事赔偿部分，当地党委政府积极协调，也得到妥善解决。

③ 某车主驾驶投保车辆至某市某景区，遇地震致停放于停车场的投保车无法脱离停车场，最后被洪水冲走，车主遇难。游客配偶起诉保险公司要求赔偿车辆损失，保险公司抗辩该损失是由地震引起，属不可抗力。后法官主持双方当事人达成和解协议，被告补偿78 000元，原告撤诉结案。

④ 震后仅十个月，某市法院共受理涉灾房屋租赁纠纷案件30件，其中大部分为承租人要求解除合同，退还已付租金，具体又分为两类：一是房屋严重破坏已垮塌或被鉴定为危房，已经或即将被拆除；二是房屋已被鉴定为危房需要修复加固，但还没有进行修复。从案件审理情况来看，承租人作为原告请求解除合同的案件主要难点在于：一、租赁合同解除以后，承租人已预付而合同未履行部分的租金应全部返还还是部分返还；二、如何确定返还租金的起算时间。

中抢救自己的财产的行为的合法性；灾民对房屋安全鉴定结论有异议是否可以要求重新鉴定；毁损房屋在震前已列入拆迁范围但未签订拆迁协议的，现业主强烈要求享受拆迁政策是否许可；房屋维修加固业主意见不一致的政府如何应对等等。

（四）涉灾执行案件

一是受灾当事人难找，地震带来被执行人死亡、失踪或外出避难，或忙于抗震救灾，无法联系难以查找。二是执行财产难处置，最高法院规定"对明确专用于抗震救灾的资金和物资，一律不得采取、查封、扣押、冻结、划拨等财产保全措施和强制执行措施"，此类规定在灾后重建阶段是否继续适用不明确，灾民的重建款项、营业性财物及其残值等是否可以执行也是一个难题。三是法院查封、扣押的财产因震毁损，风险由谁承担，最高法院相关司法解释中虽对此有所规定①，但对风险如何在执行人与被执行人之间分担未明确表态。

（五）涉灾案件处理程序

由于特大地震对常态社会状态的破坏，在适用法律程序规定时，如果简单机械适用法律规则，可能不利于灾民诉讼和灾民合法权益的保护，甚至可能出现合法适用法律规则而裁判规则结果不公平，不合理及法律精神和价值追求相悖的情形。同时程序问题造成审执拖延难以避免，主要原因在于当事人难找，送达难，证据调查难。另外，证据在地震中灭失，也为法官认定案件事实带来了一定难度②。

---

① 最高人民法院《关于处理涉及汶川地震相关案件适用法律问题的意见（二）》第17条规定："因地震造成人民法院以查封或扣押的财产毁损、灭失或价值贬值，协助人民法院查封、扣押的协助执行人以及人民法院指定的查封、扣押财产的保管人（被执行人除外）没有过错的，不承担赔偿责任。人民法院应当努力通过促成执行和解妥善解决纠纷。"

② 如刘某某与刘某、饶某某等道路交通事故人身损害赔偿纠纷案，原告称医疗费原始票据遗失，并提供了当地村委会出具并由镇政府加盖印章的书面证明、医院病情证明、病历和清单。法院认为："对于各方当事人争议的医疗费问题，因原告地处地震特重灾区，又提供了医疗费票据灭失的证据，并提供了医院出具的相关证据，足以证明原告产生的医疗费及数额，本院予以采信，对原告主张的医疗费予以支持。"

三、涉灾案例的审判思路、法律解释和司法技术

前已述及，在涉汶川特大地震司法案件中，法官遇到的最大难题是，如何将以常态化经济社会生活为规范对象而设置的法律原则和具体条文应用到因大地震产生的各种非常态纠纷案件中，简言之，如何将常态法律原则与非常态的事实情形联结起来。下面通过几个典型案例分析。

（一）在坚守法律适用统一性底线的基础上体现对涉灾非常态特殊情形的合理关照——杨某某被控妨害公务案

2008年5月13日即汶川特大地震次日，民警吴某某等在地震极重灾区某市某镇某路段对上行车辆实行抗灾应急交通管制时，被告人杨某某明知公安机关已对该路段实行交通管制的情况下，在等候了两小时见交通管制仍未解除后，以要回家中救亲人为由驾拖拉机撞向将吴某某并将其拖行十余米，欲强行冲关，但未能得逞。经鉴定吴某某伤情构成轻微伤。后查明，被告人杨某某系地震灾民，家中7间楼房顶楼垮塌，属危房。

该案中，杨某某的行为确已构成妨害公务罪，如果发生在平时，杨很可能被判处实刑。但该案发生在地震次日，具有明显的直接涉灾因素，因此法官遇到的主要问题有二：一是如何分析杨某某行为的犯罪构成，特别是其行为的性质、情节和后果；二是最高法《关于依法做好抗震救灾期间审判工作切实维护灾区社会稳定的通知》明确规定对妨害公务罪等七类抗震救灾和灾后重建期间发生的犯罪行为应依法从重处罚，法官应如何结合该案进行解释。就上述问题，法官分四个层次进行了分析：第一，杨某某确系地震灾区灾民，在地震后次日因顾念家人安全和家庭财产急欲通关回家，其心理动机和行为基于人护家恤亲之自然和社会本能，实不同于一般妨害公务，应属"事出有因"；第二，在当时余震频繁、亲属尚未脱离危险的特殊情形下，杨某某在周围寻找小路未果且苦等两小时后相关路段交通管制仍未解除，期待甚至责令其放弃回家救助确有不近情理、强人所难之嫌，因此其因担忧家人而强行冲关，一定程度上"情有可原"，后又查明杨家中7间楼房顶楼在地震中垮塌，进一步佐证

了此点；第三，杨某某的行为致吴某某所受伤经鉴定为轻微伤，对抗震救灾工作部署和现场秩序的影响亦较小，表明杨妨害公务行为的情节和后果"尚属轻微"；第四，杨某某此前并无前科，归案后认罪态度好，有悔罪表现，表明其"人身危险性较小"。第五，最高法前述通知虽然明确对抗灾期间妨害公务犯罪应依法从重处罚，但其要旨在于明确"宽严相济"的刑事政策，结合本案具体情况，仍存从宽处罚之余地。综上所述，法院依法判决杨某某犯妨害公务罪，免予刑事处罚。判决后，公诉机关未提出抗诉，被告人亦未上诉，判决已生效。

法官在本案中并没有一般化地处理妨害公务的犯罪构成，而是充分考虑案件发生在地震次日通关现场的特殊情形，对杨某某的行为属性、阶段情形、后果等细节问题进行了深入而又至情入理的技术分析，对最高法司法解释的基本精神也结合该案作了准确把握，判决结果有理有据，十分服人。可以说，法官在这样一件典型的非常态类型案件中很好地处理了法律解释问题，从宽既未逾越法律解释的统一性底线，又结合个案裁判消除了对立因素，取得了良好的社会效果。

（二）努力寻求当事人诉求与法律原则、政府重建政策三者之间的有机统一——刘某某与杨某某房屋买卖合同过户纠纷案

1996年11月，原、被告双方签订房屋买卖协议书，约定被告将其所有的住房一套转让给原告，购房款为60 000元，同时约定双方各承担50%的过户费用。次月原告即支付全款，被告亦将该房房产证交付原告，原告即入住使用至大地震发生，但一直未办理过户登记，该房屋在地震后经鉴定为严重破坏不可修复，原告遂诉请判令被告协助办理过户登记。

该案典型地代表了大地震引发灾区房屋关系突然断裂的实际状况，特别是部分房屋已在震前达成买卖协议，付款交房两讫，但房屋尚未过户即因灾毁损。原卖房人因欲获取政府救助而推诿拒绝买房人的过户请求，但房屋产权登记部门又仅以登记产权人作为救助权利人，导致买房人（同时也是实际所有权人）无法及时获得政府救助，遂起诉请求判令出卖人履行协助过户义务。在房屋没有因灾毁损的常态下，此类房屋买卖合同纠纷的问题并不复杂，通常都可直接判决办理过户手续。但在本

案中，诉争房屋在地震已毁损倒塌，物不复存，权将焉附，如依常规思路直接判令过户，既不现实又无必要，还将抵触物权法理和相关规定。此类案件在城镇灾区尤为突出，如何有效维护买房人合法权益成为突出难题。

该案的最大难点在于因房屋毁损引发的当事人诉求与民法法理和政府约束条件三者之间的直接冲突，这种冲突在常态案件中几乎难以设想。毫无疑问，此种情形是对法官应对非常态情形的司法能力特别是实际化解矛盾能力的严峻挑战。在该案中，法官的裁判心证大体上分为以下几个步骤：第一，鉴于诉争房屋的物质形态已不复存这一客观现实，应当摆脱常态案件中以原物的归属和确权为审理方向的认知束缚，确立以毁损房屋后续相关权益的归属为审理重点的审判思路。第二，在深入论证基础上，基于风险与收益相一致的民法原则，明确"由买房人享受灾毁房屋的相关利益"的裁判主旨既符合法理也顺应社情民意，同时也才能从根本上彻底解决问题。第三，寻求依据支撑，明确前述思路和主旨不仅符合物权法、合同法原则和最高法相关司法解释要求，同时相关国家和地区立法例也有类似规定和做法①。第四，把握合适的裁判技术。通过行使释明权告知原告，由于诉争房屋已经毁损，法院不能再判令房屋确权或过户，应当变更诉讼请求。其次，涉诉房屋的后续利益包括但不限于政府的安置政策，因此在判决主文中宜采取"灭失房屋的相关利益由原告享有"的笼统表述更为妥当。再次，法官及时与政府沟通衔接将此类情况当事人的利益保护纳入灾后重建统筹考虑，实现案件审判和灾后重建的互动共赢。

（三）有效借助社会资源和民间智慧妥善化解矛盾——代某等10人诉代某某人格权侵权纠纷案

某村8组村民代某某因地震致房屋严重毁损。经当地政府协调，代某某所在村组签订该镇首批联建协议，代某某通过联建修整房屋，将其

---

① 如《德国民法典》第446条就规定："自出卖的物交付时起，意外灭失和意外减损的风险移转于买受人。自交付时起，物的收益归属于买受人，物的负担也由其承担。"我国台湾地区民法第373条规定："买卖标的物之利益及危险，自交付之时起，均由买受人负担，但契约另有订定者，不在此限。"

后院地将作为联建规划中的休闲茶园,但后院地中代氏家族十一口祖坟需要迁移。2008年11月底,代某某在未与祖坟后人就迁坟达成协议情况下,擅自迁坟。双方家庭众多亲属为此事产生纠纷,镇司法所、派出所、村调解委员会多次协调未果。众多代家后人起诉代某某,要求其赔偿精神损害抚慰金及其他经济损失共计11万余元。

该案值得关注点在于:第一,该案纠纷背景存在宗族关系和灾后重建双重因素的特殊交织。一方面,案件系因与传统宗族观念紧密相关的农村民风民俗引发,某村8组村民以代氏家族为主体,原、被告原本就沾亲带故,再加上掘坟风波一出,当地众多代家后人十分关注;另一方面,掘坟风波发生在地震后,具有明显的地震原因和灾后重建背景。在双方已经数次发生纠纷甚至大打出手的情况下,如果处理失当,极易导致事态扩大,影响当地稳定和灾后重建的顺利推进。由此,法官确立了该案"宜调不宜判"的基本方向。第二,该案调处依据需要着重考量的是传统宗族观念、人伦情理与法律原则和重建政策最大限度的契合。该案是典型的熟人社会案件,法官既要妥善处理纠纷,尽量修复因掘坟风波被损坏的宗族和邻里关系,还要使案件处理结果与灾生重建需要相统一,有助于帮助灾民更好地重建家园,因此案结事了人和是案件妥善调处的根本目标。第三,该案司法方法需要充分借助社会资源和民间智慧。法官在主动深入该村调查中发现,该村党支部书记既是宗族长辈又是村调解委员会主任,在当地颇有威信。承办法官决定邀请他参与调解。调解当天,还有几十余名当地群众参加旁听,适时引导他们参与调解,对纠纷的化解也会起着重要的作用。在法官主持和指导下,调解侧重用双方具有的宗族血缘关系、祖上亲情友好及被告迁坟方式基本符合当地迁葬风俗等角度,进行情感疏通,调解氛围一直处于法官控制之中,和谐而平稳。法官通过向当事人分析案情、法律规定和双方提交的证据,参考政府灾后重建中的迁坟补偿政策,帮助双方当事人寻求调解金额的平衡点。

经法官引导调解,双方终于达成和解协议,被告当庭道歉并给付赔偿金8000元,原告主动放弃其他诉讼请求,自愿撤回起诉。掘坟风波平息后,代某某和某村某组重建家园工程如期进行。当年清明节,双方还共同前往祖坟祭奠。该案成功调解后，社会评价很好，多家媒体宣传报道。

四、涉灾案例裁判规则的形成之道

某市法院在重视对涉灾法律问题进行前瞻调研和风险评估并积极向党委政府提出法律建议的同时，大力加强涉灾案件的审判指导，建立完善的涉灾案件信息报送机制，总结涉灾案件审判经验，从中发掘和提炼裁判规则，积极发挥成功典型案例的示范作用，保障涉灾审判工作的规范有序和涉灾案件司法尺度的大体统一。在系统收集整理全市法院涉灾案件基础上，从中选择31件典型案例，其中有8件案例经审判委员会讨论确认为示范性案例，另有8件社会效果和法律效果突出的调解、和解案例和15件其他典型案例，亦印发审判工作参考。上述典型案例，对某市法院推进涉灾审判工作发挥了积极作用。同时，该批案例也是国内首次集中收集的涉地震典型案例，在应用法学和案例研究方面具有开拓性价值。

从灾区司法实践情况看，涉地震案件中注重运用案例指导制度非常必要。在涉灾非常态类型案件中，加强案例指导重在审慎应对那些中因涉灾特殊情形不易把握的共性问题。相对于常态类型案件，涉灾案例的示范和指导价值集中体现在：一是如何把握涉灾案件的司法策略导向和价值取向，特别是在刑事案件中怎样充分体现好宽严相济的司法政策，在民事、行政案件中怎样用好法官自由裁量权。把握好涉灾案件的司法导向和审理方向，既是灾后重建大局的需要，也是实质性化解涉灾纠纷的明智之道。二是如何结合法律原则和条文规定对案件争议焦点的细节问题做出妥当认定，或者说是如何将可能面临重大冲突的价值判断转化为细节上的技术化处理。三是如何实现涉灾案件法律效果、社会效果的良性互动和有机统一。四是如何把握恰当的司法技术和司法方法，促成案结、事了、人和。

就在涉地震案例中怎样提炼和形成具有一般化意义的裁判规则，应注意以下几方面：（1）对法律原则和具体条文的解释应在大体上保持同一标准,对涉地震特殊情形应力求通过合理解释将原则、理念可能面临的冲突转化为细节上的技术问题予以妥善处理。换言之,在整体上维护法律解释标准和司法方法的统一性,在细节上通过对具体问题的技术化处理体现对涉地震特殊因素的合理关照。(2)法官要将法律解释裁判方案结合起来,合理化的裁判结果要务求在遵循法律底线的前提下恰当把握好法律与政策的衡平,把握好法律责任与基础事实的统一,把握好法官自由裁量幅度。(3)兼顾典型个案个性与类型案件共性的统一,使裁判方案既有助于在个案中实现公正,也有利于发挥其对其他和以后同类案件的示范影响。(4)司法方法上要注意活用调解和裁判方法,充分考虑涉地震案件成因和特殊性,对确系考虑并解决实际问题但可能与法律原则和具体条文存在冲突的,要务求通过引导调解或者和解妥善解决相关问题,做到案结事了人和,尽量避免直接和孤立裁判可能带来的解释冲突和效果困境。

需要强调的是,加强非常态类型案例指导,在注重从典型个案入手、积极发挥其示范效应的同时,还要切实加强整体指导。非常态类型案例正因为其过去很少发生,司法实践中往往缺乏成熟完善的经验积累和行之有效的方法体系,上级法院加强指导实属必要。在这方面,最高人民法院先后下发多份重要指导性文件,某省高级人民法院还建立了涉地震灾害案件报告制度和法律适用请示制度,多次就相关类型案件提出法律适用的指导性意见。某市中院在认真执行涉灾案件报告和法律适用请示制度、注重发挥典型案例示范价值的同时,还十分重视加强审判委员会指导,针对灾毁房屋后续权益和租金返还等突出问题进行深入研究,先后下发了《关于涉灾房屋租赁案件法律适用问题的会议纪要》、《关于未过户因灾毁损房屋收益归属问题的会议纪要》等工作指引,对统一类案司法尺度起到了重要作用。

某市法院加强涉灾案件案例指导的实践,拓展了法院司法职能在化解非常态矛盾纠纷方面的服务空间,真正确立了针对非常态法律问题和非常态矛盾纠纷的司法应对机制和有效应对方法体系。这些经验和方法体系,不仅将继续在涉地震案例审判工作中发挥作用,同时对其他的非常态类型案例也有着重要的理念启发和方法参照价值。正如学者指出,某市法院"为中国司法和法官在未来其他时空有效应对类似的重大自然灾害积累了某些经验",更表明"中国的法官正努力使个体的、地方性的和特定时间中的司法经验更具超越性,更具一般意义,让其他法官、其他地方的司法人员和法律学者能够分享"。有学者认为,"某市中院法官身上放射出的法治理性、法律智慧和法律人感情的光芒,他们创造出的涉灾法律案件的有效处置经验,不仅为完善我国应急法制提供了思想素材,还能为其他国家的法律人和完善应急法制提供了重要参考"。非常态类型案件的稳慎处理远不是一个只注重个性化因素而忽略共性背景的过程,在非常态类型案例中重视和加强案例指导,对更好地保障法律适用统一、维护司法公正同样至关重要。

参考文献

一、著　作

[1]　[美]汉密尔顿，等. 联邦党人文集[M]. 程逢如，等，译. 北京：商务印书馆，1997.

[2]　[德]托马斯·莱塞尔. 法社会学导论[M]. 高旭军，等，译. 上海：上海人民出版社，2008.

[3]　[美]庞德. 法律史解释[M]. 邓正来，译. 北京：中国法制出版社，2002.

[4]　[美]卡多佐. 司法过程的性质[M]. 苏力，译. 北京：商务印书馆，1998.

[5]　[美]波斯纳. 法官如何思考[M]. 苏力，译. 北京：北京大学出版社，2009.

[6]　[德]霍恩，等. 德国民商法导论[M]. 楚建，译. 北京：中国大百科全书出版社，1996.

[7]　[英]詹宁斯. 法与宪法[M]. 龚祥瑞，译. 上海：三联书店，1997.

[8]　[法]托克维尔. 论美国的民主[M]. 董果良，译. 北京：商务印书馆，1997.

[9]　[日]谷口安平. 程序的正义与诉讼[M]. 王亚新，译. 北京：中国政法大学出版社，2002.

[10]　[英]卡罗尔·哈洛，等. 法律与行政[M]. 杨伟东，等，译. 北京：商务印书馆，2004.

[11] [美]达玛什卡. 司法和国家权力的多种面孔[M]. 郑戈,译. 北京:中国政法大学出版社,2004.

[12] [美]波斯纳. 法官如何思考[M]. 苏力,译. 北京:北京大学出版社,2009.

[13] [日]棚赖孝雄. 纠纷的解决与审判制度[M]. 王亚新,译. 北京:中国政法大学出版社,2004.

[14] [日]三月章. 日本民事诉讼法[M]. 台北:五南图书出版股份有限公司,1996.

[15] [意]简玛利亚·阿雅尼,魏磊杰. 转型时期的法律变革与法律文化[M]. 魏磊杰,彭小龙,译. 北京:清华大学出版社,2011.

[16] [法]勒内·弗洛里奥. 错案[M]. 北京:法律出版社,2013.

[17] [法]贝尔纳·布洛克. 法国刑事诉讼法(原书第21版)[M]. 罗结珍,译. 北京:中国政法大学出版社,2009.

[18] [日]松尾浩也. 日本刑事诉讼法[M]. 丁相顺,译. 北京:中国人民大学出版社,2005.

[19] [德]K.茨威格特,H.克茨. 比较法总论[M]. 高鸿钧,贺卫方,等,译. 贵阳:贵州人民出版社,1992.

[20] [德]阿克赛尔·文德勒,等. 审判中询问的技巧与策略[M]. 丁强,高莉,译. 北京:中国政法大学出版社,2012.

[21] [意]贝卡里亚. 论犯罪与刑罚[M]. 黄风,译. 北京:北京大学出版社,2014.

[22] [英]约翰·斯普莱克. 英国刑事诉讼程序(第九版)[M]. 徐美君,杨立涛,译. 北京:中国人民大学出版社,2006.

[23] [美]罗斯科·庞德. 普通法的精神[M]. 唐前宏,等,译. 北京:法律出版社,2010.

[24] [美]理查德·波斯纳. 联邦法院——挑战与改革[M]. 邓海平，译. 北京：中国政法大学出版社，2002.

[25] [美]伯纳德·斯瓦茨. 美国法律史[M]. 王军，译. 北京：中国政法大学出版社，1999.

[26] [美]格雷格·伯曼，奥布里·福克斯. 失败启示录[M]. 何挺，译. 北京：北京大学出版社，2017.

[27] [美]理查德·A. 波斯纳. 联邦法院的挑战与改革[M]. 邓海平，译. 北京：中国政法大学出版社，2002.

[28] [日]中村英郎. 新民事诉讼法讲义[M]. 陈刚，等，译. 北京：法律出版社，2001.

[29] [德]奥特马·尧厄尼希. 民事诉讼法[M]. 周翠，译. 北京：法律出版社，2003.

[30] [法]让·文森，等. 法国民事诉讼法要义[M]. 罗结珍，译. 北京：中国法制出版社，2001.

[31] [英]理查德. 萨斯坎德. 法律人的明天会怎样？——法律职业的未来[M]. 何广越，译. 北京：北京大学出版社，2015.

[32] [美]罗纳德·J. 艾伦. 艾伦教授论证据[M]. 张保生，等，译. 北京：中国人民大学出版社，2014.

[33] [美]伯纳德·罗伯逊，G. A. 维尼奥. 证据科学——庭审过程中的科学证据的评价[M]. 王元凤，译. 北京：中国政法大学出版社，2015.

[34] [法]费尔南·布罗代尔. 十五至十八世纪的物质文明、经济和资本主义[M]. 顾良，施康强，译. 北京：商务印书馆，2017.

[35] 季卫东. 通往法治的道路：社会的多元化与权威体系[M]. 北京：法律出版社，2014.

[36] 陈亮，张光君. 人工智能时代的法律变革[M]. 北京：法律出版社，2020.

[37] 熊焱. 刑事庭审实质化改革：理论、实践、创新[M]. 北京：法律出版社，2017.

[38] 苏永钦. 司法改革的再改革[M]. 台北：月旦出版社股份有限公司，1998.

[39] 郭彦. 优化 协同 效能 人民法院内设机构改革的成都实践[M]. 北京：人民法院出版社，2018.

[40] 程春明. 司法权及其配置[M]. 北京：中国法制出版社，2009.

[41] 汪习根. 司法权论[M]. 武汉：武汉大学出版社，2006.

[42] 章武生. 司法现代化与民事诉讼制度的建构[M]. 北京：法律出版社，2000.

[43] 孔祥俊. 行政行为可诉性、原告资格与司法审查[M]. 北京：人民法院出版社，2005.

[44] 郭彦. 理性 实践 规则 刑事庭审实质化改革的成都样本[M]. 北京：人民法院出版社，2016.

[45] 季卫东. 秩序与混沌的临界[M]. 北京：法律出版社，2008.

[46] 龙宗智. 刑事庭审制度研究[M]. 北京：中国政法大学出版社，2001.

[47] 吴卫军. 司法改革原理研究[M]. 北京：中国人民公安大学出版社，2003.

[48] 黄太云. 刑法修正案解读全编[M]. 北京：人民法院出版社，2015.

[49] 张明楷. 刑法学[M]. 北京：法律出版社，2016.

[50] 陈光中. 证据法学[M]. 北京：法律出版社，2015.

[51] 陈宏毅，林朝云. 刑事诉讼法理论与实务[M]. 台北：五南图书出版股份有限公司，2015.

[52] 王兆鹏. 刑事诉讼法讲义[M]. 台北：元照出版有限公司，2010.

[53] 樊崇义. 诉讼法学研究：第五卷[M]. 北京：中国检察出版社，2003.

[54] 王兆鹏. 美国刑事诉讼法[M]. 2版. 北京：北京大学出版社，2014.

[55] 何帆. 大法官说了算：美国司法观察笔记[M]. 北京：中国法制出版社，2016.

[56] 孙长永，宋英辉，朴宗根，等. 外国刑事诉讼法[M]. 北京：北京大学出版社，2011.

[57] 最高人民法院司法改革领导小组办公室. 新时代深化司法体制综合配套改革前沿问题研究[M]. 北京：人民法院出版社，2018.

[58] 林钰雄. 刑事诉讼法[M]. 台北：元照出版有限公司，2006.

[59] 蔡墩铭. 刑事诉讼法概要[M]. 台北：三民书局股份有限公司，2011.

[60] 陈瑞华. 司法体制改革导论[M]. 北京：法律出版社，2018.

[61] 中华人民共和国最高人民法院. 中国法院的司法改革（2013—2018）[M]. 北京：人民法院出版社，2019.

[62] 左卫民，等. 简易刑事程序研究[M]. 北京：法律出版社，2005.

[63] 左卫民，等. 中国刑事诉讼运行机制实证研究[M]. 北京：法律出版社，2007.

[64] 张凌，于秀峰. 日本刑事诉讼法律总览[M]. 北京：人民法院出版社，2017.

[65] 宋英辉，孙长永，朴宗根，等. 外国刑事诉讼法[M]. 北京：北京大学出版社，2011.

[66] 陈瑞华. 比较刑事诉讼法[M]. 北京：中国人民大学出版社，2010.

[67] 陈业宏，等. 中外司法制度比较[M]. 北京：商务印书馆，2001.

[68] 汤维建. 美国民事司法制度与民事诉讼程序[M]. 北京：中国法制出版社，2001.

[69] 汪习根. 司法权论[M]. 武汉：武汉大学出版社，2006.

[70] 蒋剑鸣，等. 转型社会的司法：方法、制度与技术[M]. 北京：中国人民公安大学出版社，2008.

[71] 苏力. 法治及其本土资源[M]. 北京：法律出版社，1999.

[72] 胡夏冰. 司法权：性质与构成的分析[M]. 北京：人民法院出版社，2003.

[73] [英]黑尔. 黑尔首席大法官对霍布斯的《法律对话》之回应[M]//[英]霍布斯. 哲学家与英格兰法律家的对话. 姚中秋，译. 上海：三联书店，2006.

[74] 胡建萍，谌辉. 诉讼外纠纷解决对司法公信力的影响[M]//陈桂明. 民事诉讼法学专论：2007年卷. 厦门：厦门大学出版社，2008.

[75] 孙笑侠. 再论司法权的本质是判断权[M]//胡夏冰. 司法权：性质与构成的分析. 北京：人民法院出版社，2003.

[76] 王晨光，果平. 法官职业化、精英化及其局限[M]//江平. 比较法在中国：2003年卷. 北京：法律出版社，2003.

[77] 贺欣. 为什么法院不受理外嫁女纠纷：司法过程中的法律、权

力和政治[M]//苏力.法律和社会科学：第三卷.北京：法律出版社，2008.

[78] 左卫民，冯军.寻求规范与技术的合理性[M]//左卫民，等.最高法院研究.北京：法律出版社，2004.

[79] 陈瑞华.司法权的性质：以刑事司法为范例的分析[M]//李富成.北大法治之路论坛.北京：法律出版社，2002.

二、论　文

[１] [美]约瑟夫·雷都.作为一名法官意味着什么[J].法律适用，2001（3）.

[２] [意]马可·法布里.意大利刑事诉讼程序与公诉改革之回顾[J].叶宁，译.比较法研究，2010（5）.

[３] 苏力.论法院的审判职能与行政管理[J].中外法学，1999（5）.

[４] 顾培东.也论中国法学向何处去[J].法学研究，2009（1）.

[５] 欧文.向民事司法制度中的弊端开战[J].人民司法，1999（1）.

[６] 李本森.刑事速裁程序试点研究报告：基于18个试点城市的调查问卷分析[J].法学家，2018（1）.

[７] 李本森.刑事速裁程序试点实效检验：基于12666份速裁案件裁判文书的实证分析[J].法学研究，2017（5）.

[８] 陈瑞华."认罪认罚从宽"改革的理论反思：基于刑事速裁程序运行经验的考察[J].当代法学，2016（4）.

[９] 季卫东.世纪之交日本司法改革的述评[J].环球法律评论，2002（1）.

[10] 左卫民.地方法院庭审实质化改革实证研究[J].中国社会科学，2018（6）.

[11] 龙宗智. 论刑事对质制度及其改革完善[J]. 法学, 2008（5）.

[12] 杨宇冠, 刘曹祯. 以审判为中心的诉讼制度改革与质证制度之完善[J]. 法律适用, 2016（1）.

[13] 戴长林. 非法证据排除制度的新发展及重点问题研究[J]. 法律适用, 2018（1）.

[14] 魏文伯. 对于《中华人民共和国人民法院组织法》基本问题的认识[J]. 司法工作通讯, 1954（3）.

[15] 顾培东. 试论我国社会中非常规纠纷的解决机制[J]. 中国法学, 2007（3）.

[16] 曲颖. 论法官素质[J]. 人民司法, 1999（12）.

[17] 姜伟. 司法体制综合配套改革的路径和重点[J]. 中国法学（文摘）, 2017（6）.

[18] 龙宗智. 司法的逻辑[J]. 中国法律评论, 2018（3）.

[19] 龙宗智. 司法改革：回顾、检视与前瞻[J]. 法学, 2017（7）.

[20] 陈瑞华. 正义的误区：评法院审判委员会制度[J]. 北大法律评论, 1998（2）.

[21] 傅郁林. 审级制度的建构原理[J]. 中国社会科学, 2002（4）.

[22] 傅郁林. 以职能权责界定为基础的审判人员分类改革[J]. 现代法学, 2015（4）.

[23] 左卫民. 关于法律人工智能在中国运用前景的若干思考[J]. 清华法学, 2018（2）.

[24] 郑戈. 人工智能与法律的未来[J]. 探索与争鸣, 2017（10）.

[25] 左卫民. 中国在线诉讼：实证研究与发展展望[J]. 比较法研究, 2020（4）.

[26] 常锋. 改革背景下刑事诉讼制度的发展：中国刑事诉讼法学研究会 2017 年年会观点综述[J]. 人民检察, 2017（23）.

[27] 左卫民. 热与冷：中国法律人工智能的再思考[J]. 环球法律评论，2019（2）.

[28] 苏力. 法律与科技问题的法理学重构[J]. 中国社会科学，1999（5）.

[29] 朱孝清. 司法的亲历性[J]. 中外法学，2015（4）：919.

[30] 蒋惠岭，杨奕. 司法公开与新媒体关系的多元比较[J]. 人民司法（应用），2014（19）.

[31] 颜飞. 论对质诘问权与书面证言的使用[J]. 西南民族大学学报（人文社科版），2009（6）.

[32] 孙长永，胡波. 保障与限制：对质询问权在欧洲人权法院的实践与启示[J]. 现代法学，2016（3）.

后 记

本书源自对司法实务问题的关注和思考，重点针对司法程序与技术、改革实践探索以及案例指导等，大致分为三个部分共十个专题。囿于研究能力，有的部分思考深度不够，方法未必得当，观点也可商榷，恳请大家批评指正。回首走过的应用法学研究之路，感恩曲颖老院长多年栽培、郭彦院长鼓励鞭策并给我机会，感恩导师左卫民教授悉心指导，感谢蒋剑鸣博士、周湘雄博士等热心指点，感谢西南交大出版社郭发仔老师全程帮助。最后，更要特别感激父母的辛苦养育之恩，感谢妻子杜颐敏的默默付出。

应用法学研究本质上是解应用题，做应用文，解决司法实践中的突出问题，推动司法进步，增进司法公信。作为一名耕耘多年的职业法律人，我将坚守为民司法的初心，担当公平正义的使命，在应用法学研究征途上继续前行。

何良彬
2021 年 10 月 6 日